뒤틀린 삶을 바로잡는 힘
경외

AWE: WHY IT MATTERS FOR EVERYTHING WE THINK, SAY, AND DO
by Paul David Tripp

Copyright ⓒ2015 by Paul David Tripp
Published by Crossway
a publishing ministry of Good News Publishers
Wheaton, Illinois 60187, U.S.A.

This edition published by arrangement with Crossway
through rMaeng2, Seoul, Republic of Korea.
All rights reserved.

This Korean Edition Copyright ⓒ 2016 by Word of Life Press, Seoul, Republic of Korea

이 한국어판 저작권은 알맹2를 통하여
Crossway와 독점 계약한 생명의말씀사에 있습니다. 신 저작권법에 의하여
한국 내에서 보호 받는 저작물이므로 무단 전재와 무단 복제를 금합니다.

경외

ⓒ 생명의말씀사 2016

2016년 6월 7일 1판 1쇄 발행
2024년 7월 29일   6쇄 발행

펴낸이 | 김창영
펴낸곳 | 생명의말씀사

등록 | 1962. 1. 10. No.300-1962-1
주소 | 서울시 종로구 경희궁1길 6 (03176)
전화 | 02)738-6555(본사) · 02)3159-7979(영업)
팩스 | 02)739-3824(본사) · 080-022-8585(영업)

기획편집 | 신현정
디자인 | 박소정, 김혜진
인쇄 | 영진문원
제본 | 보경문화사

ISBN 978-89-04-16549-0 (03230)

저작권자의 허락없이 이 책의 일부 또는 전체를
무단 복제, 전재, 발췌하면 저작권법에 의해 처벌을 받습니다.

AWE

뒤틀린 삶을 바로잡는 힘
경외

생명의말씀사

하나님을 경외하는 마음을 처음 느꼈던 때가 지금도 기억에 생생하다. 그 일은 내가 그리스도인이라고 자처하며 교회에 다닌 지 오랜 후에 일어났다. 그 일 이후, 내 삶은 크게 달라졌다. 지금은 하나님을 경외하는 마음이 삶의 중요한 결정은 물론 일상적인 행동에도 많은 영향을 끼치고 있다. 겉으로 드러난 현상을 뛰어넘어 문제의 핵심을 파헤친 폴 트립에게 감사한다.

이 책은 정말 훌륭하다. 모든 그리스도인이 이 책을 주의 깊게 읽어주길 간절히 바란다. 지금 우리는 광란의 시대를 살고 있다. 예측할 수 없는 사건들에 지나친 반응을 보이면서 인생을 허비하지 않으려면, 우리 삶을 떠받쳐줄 건전한 토대를 마련하는 데 유익한 이런 책들이 필요하다.

_ **프랜시스 챈** | 〈뉴욕타임스〉 선정 베스트셀러 『크레이지 러브』(아드폰테스) 저자

저자는 겉으로 보이는 것 너머를 꿰뚫어볼 수 있도록 이끄는 능력이 뛰어나다. 그는 분명 이 책의 주제를 깊이 생각했을 것이다. 이 책을 읽는 독자는 새롭게 각성되어 하나님을 경외하고, 그로 인해 그분을 진지하게 받아들이게 될 것이다.

_ **에릭 메이슨** | 에피패니펠로우십교회 담임목사, 사역단체 "Thriving" 대표, 『Manhood Restored』 저자

폴 트립의 책은 늘 도전의식을 일깨울 뿐 아니라 나를 그리스도께 더 가까이 이끌어준다. 이 책도 예외가 아니다. 예수님을 믿는 우리는 때로 하나님을 지나치게 편하게 대하는 경향이 있다. 하나님을 알고 사랑하는 것에는 그분을 경외하는 것도 포함되지만, 우리는 그 점을 종종 잊는다. 간절하고 겸손한 마음으로 이 책을 읽는다면, 하나님이 어떤 분인지, 우리가 그분의 놀라운 영광에 온전히 매료되도록 부르심을 받은 이유가 무엇인지를 새롭게 깨닫고 그리스도를 향한 열정이 더욱 강렬해질 것이다.

_ **크레이그 그로쉘** | 라이프처치닷컴교회 담임목사, 『WEIRD: Because Normal Isn't Working』 저자

나는 폴 트립이 쓴 책을 모두 읽었다. 그의 말은 단 한 마디도 놓칠 수가 없다.

_ **앤 보스캠프** | 〈뉴욕타임스〉 선정 베스트셀러 『천 개의 선물』(열림원) 저자

모든 인간의 영혼 깊은 곳에는 하나님이 친히 허락하신, 초월을 향한 갈망이 존재한다. 그러나 우리는 결코 그 갈망을 채워줄 수 없는 것들을 추구하고 열망할 때가 많다. 우리에게 절실히 필요한 것은 무릎을 꿇고 창조주 하나님을 경외하는 마음을 회복하는 것이다. 이 책에서 내 친구 폴 트립은 그런 자세로 그분 앞에 머물러 기쁨을 누릴 수 있도록 독려한다.

_ **제임스 맥도널드** | 하비스트바이블채플 담임목사, 『버티컬 처치』(두란노) 저자

우리는 경이로움을 느낀 대상을 결코 잊지 못한다. 그리고 그 경험은 우리를 변화시킨다. 이 책을 막 다 읽은 새벽 2시 45분, 지금 나는 눈물을 흘리며 이 추천사를 쓰고 있다. 내 죄가 아니라 그리스도 안에서 내가 누리는 의가 떠올랐기 때문이다. 예수님과, 그분을 통해 새롭게 된 나의 신분이 정말이지 경이롭게 느껴진다. 저자는 제세동기 같은 것을 사용해 심장이 정지된 그리스도인들을 소생시키고 있다. 우리는 경이로움을 느끼며 살도록 창조되었다. 당신이 이 사실을 절대 잊지 않기를 기도한다.

_ **바트 밀라드** | MercyMe 리더싱어

contents

머리말 9

PART 1
하나님, 경외를 도둑맞다

<u>1</u> 인간은 경외하도록 창조되었다 15
<u>2</u> 경외심 쟁탈전, 나는 무엇을 경외하는가 29
<u>3</u> 사역의 본질은 경외심을 되찾아주는 것이다 47
<u>4</u> 잘못된 대상을 경외하다 63
<u>5</u> 우리는 경외심을 잊어버렸다 79

PART 2
문제의 시작, 경외하지 않는 마음

<u>6</u> 증상 1 : 불순종_ 경외심을 잃은 행위 99
<u>7</u> 증상 2 : 불평_ 경외심을 잃은 말 117
<u>8</u> 증상 3 : 물질주의_ 경외심을 잃은 욕구 133

PART 3

삶의 해답, 하나님을 경외하는 마음

9	경외심을 지배하는 것이 삶을 지배한다	151
10	경외심을 되찾을 때 삶과 신앙은 하나가 된다	165
11	경외심을 되찾을 때 교회와의 관계가 새로워진다	181
12	경외심을 되찾을 때 자녀는 영적 어둠에서 벗어난다	197
13	경외심을 되찾을 때 일이 제자리를 찾을 수 있다	211

맺음말 226
주 230

머리말

나는 일종의 쾌락주의자다. 시각 예술과 아름다운 음악을 좋아할 뿐 아니라 먹는 거라면 뭐든 마다하지 않는다. 뛰어난 그림을 보면 경이로움에 사로잡히고, 잘 만든 음악을 들으면 크게 감격하면서 심취한다. 훌륭한 식당에서 좋은 음식을 맛보면 그 음식을 재현해 보거나 그곳에 또 들르고 싶다. 그런 것들 자체는 아무 잘못이 없다. 하나님은 우리가 피조물을 경이로워하도록 만드셨기 때문이다. 그러나 그런 경이감은 그 자체로 목적일 수 없고, 목적이 되어서도 안 된다.

이 책을 시작하기 전에 이쯤에서 고백해야 할 사실이 하나 있다. 나는 나를 위해 이 책을 썼다. 내가 이 책을 쓴 이유는 내 마음이 그 어느 때보다 변덕스럽고 종잡을 수 없다는 것을 깨달았기 때문이다. 창조된 것을 즐길 때마다 내 마음이 창조주 하나님을 경외하게 된다면 더 바랄 것이 없겠지만 실제로는 그렇지가 못하다. 필요하지 않은데도 무언가를 사고, 그다지 배고프지 않은데도 음식을 먹고, 다른 사람이 가진 것을 시샘하는 등, 나를 돌아보면 만물을 창조하신 하나님보다 피조물을 숭배하길 좋아하는 성향이 분명하게 드러난다.

나는 주님의 아름다우심을 묵상하는 데 시간을 더 많이 할애해야 한다. 그래서 이 책을 쓰게 된 것이다. 나는 인간의 언어로는 도무지 표현하기 어려운 하나님의 장엄하심을 한 번이라도 더 경이롭게 느낄 수 있는 곳에 마음을 기울여야 한다. 하나님을 경외하는 마음이 내 마음을 사로잡아 그 방향과 초점이 올바로 설정되어야 한다. 내 마음 속에서 여전히 하나님을 경외하는 마음과 자아를 경외하는 마음이 싸우고 있다는 사실을 기억해야 한다.

또한 일상의 상황과 관계 속에서 내 생각, 욕망, 말, 선택, 행동에 어떤 종류의 경외심이 영향을 끼치는지 점검하기 위해 이 책을 썼다. 3년 전, 나는 몸무게를 18킬로그램 줄였다. 몸무게를 꼭 줄여야 했던 상황이 퍽이나 당혹스러웠다. 그러나 이 책을 쓰는 동안, 나는 몸무게가 느는 것도 영적인 문제, 곧 하나님 앞에서의 마음 상태와 관련된 문제라는 것을 깨달았다. 다른 형태의 미묘한 우상 숭배들과 마찬가지로 그 문제도 하루아침에 불거진 것이 아니었다. 몸무게가 한 달에 300그램씩 늘어난다면 거의 의식하기 어렵다. 그러나 그런 식으로 1년이 지나면 몸무게가 3킬로그램 넘게 증가하고, 5년 뒤에는 15킬로그램이나 불어나는 셈이다. 나는 폭식의 죄를 인정하고 식탐을 자제하는 한편, 삶의 선물 자체보다는 그것을 허락하신 하나님을 숭배할 수 있는 은혜를 구해야 했다.

내가 이 책을 쓰는 이유는 **내가 경이로움을 갈구한다는 것, 곧 내가 말하고 행동하는 모든 것의 저변에 무엇인가에 대한 경외심이 깔려 있다는 것**을 알게 되었기 때문이다. 그러나 내가 갈구한 것은 단지 경이로움 자체가 아니라 "하나님을 경외하는 마음"이었다. 다른 경이로움, 다른 경외 대상은 그 무엇도 내 영혼을 만족시킬 수 없다. 내 마음이 원하는 평화와 안식, 안전감을 주지 못한다. 나는 가장 일상적인 결정이나 행동까지도 하나님을 경외하는 마음으로 행해야 한다는 것을 깨달았다.

이 책은 나를 위해 썼지만 다른 사람들을 위한 것이기도 하다. 다른 사람들도 틀림없이 나와 크게 다르지 않을 것이기 때문이다. 내 마음에서 일어나고 있는 싸움은 다른 사람들의 마음에서도 일어나고 있다. 나뿐 아니라 다른 사람들도 창조된 것들에 매료된다. 그들도 나처럼 주님의 경이로운 아름다우심을 묵상하는 데 시간을 더 많이 할애해야 한다. 그래야만 마음이 주님을 기억할 수 있고, 그로써 구원받을 수 있다.

나를 위해 쓴 책이긴 하지만 이제는 다른 사람들에게 보여주고 싶다. 이 책을 통해 구원자이신 주님을 경외하는 마음이 더욱 깊어지고, 모두의 마음이 구원과 만족과 기쁨을 얻기를 간절히 바란다.

폴 데이비드 트립

AWE
하나님을 경외할 때, 삶은
올바른 방향으로 나아간다.

PART 1

하나님,
경외를
도둑맞다

경이로움을 추구하는 것은 영적 인식이나 관심, 지식과는 상관이 없다.
교회나 신학, 성경 지식과도 직접적인 관계가 없다.
이것은 문화, 역사, 지리, 언어, 종족, 성별, 나이의 한계가 없다.
모든 사람의 공통점은 인간이라는 것이다.
사람들이 경이로움을 갈망하는 것은 인간이기 때문이다.
누구도 예외는 없다.

CHAPTER 1

인간은 경외하도록 창조되었다

경이감을 잃지 말라.
_키스 게티와 크리스틴 게티[1]

다섯 살 아이는 눈이 내리자 너무 좋아 어쩔 줄 몰라 했다. 소파 위에서 지금까지 본 눈 중 가장 많은 눈이라고 생각하며 창밖을 지켜보았다. 창문에 얼굴을 바짝 갖다 대고 자신은 물론 아버지의 자동차와 차고, 주변에 있는 모든 것이 개미처럼 작게 느껴지게 할 거대한 눈사람을 만들 생각에 한껏 들떴다. 그런 생각을 하는 아이의 얼굴에 살포시 미소가 피어났다. 곧 밖에 나가자고 엄마를 조를 것이 분명했다.

소녀는 무언가를 찾고 있었다. 단순히 무엇을 찾는 것이 아니라 자기 인생에서 가장 중요한 것을 찾는 기색이 역력했다. 그것은 바로 드레스였다. 남자친구가 학교에서 열리는 무도회에 함께 가자고 말한 것이다. 지금까지 본 무도회 드레스 가운데 가장 아름답고 멋진 드레스를 찾아야 했다. 소녀는 무도회에 입고 갈 드레스를 상상하며 이 가게 저 가게를 돌아다녔다. 그리고 남자친구가 데리러 왔을 때 드레스를 입은 자신의 모습을 보게 될 순간을 떠올렸다. 그가 자신의 모습에 홀딱 반해 즉시 일생을 함께하고 싶어할 것이라고 생각하니 마음이 걷잡을 수 없이 설레었다.

통화를 하고 나서도 여자는 도무지 믿을 수가 없었다. 서둘러 현장으로 달려갔지만 이미 너무 늦고 말았다. 그녀와 그녀의 남편이 건축하고 보수하는 데 20년이라는 긴 세월을 쏟아 부은 꿈의 저택이 화재로 폭삭 주저앉아버린 것이다. 남은 것이라고는 온통 재와 연기뿐이었다. 차에서 내려 현장을 본 그녀는 억장이 무너졌다. 시야가 흐릿해졌다. 다음 순간 눈을 떴을 때 보인 것은 응급 구조대원들의 모습이었다.

남자는 하늘을 나는 기분이었다. 그날은 그가 사역을 처음 시작한 주일이었다. 그는 엄청난 규모와 영향력을 자랑하는 교회의 교역자가 되었다. 신학교에 갓 입학했을 때만 해도 그런 일이 일어나리라고는 꿈에도 생각하지 못했다. 열심히 공부해서 좋은 성적을 받았지만, 그래도 믿기 어려운 일이 아닐 수 없었다. 그것은 그가 늘 꿈꾸던 일이었고, 이제 그 꿈이 현실로 이루어진 것이다. 그는 자신이 큰 축복을 받았고 매우 특별하다는 생각이 들었다. 의욕이 마구 솟구쳤다.

남자는 모든 것이 원망스러웠다. 원망하는 것이 잘못이라는 것은 알지만 마치 원하지 않은 손님처럼 그런 마음이 날마다 끈질기게 그를 괴롭혔다. 다른 생각을 해보려고 애쓰기도 했다. 사람들과 어울리기도 하고, 즐거운 장소를 찾기도 하고, 다양한 활동을 하는 등 즐겁게 살려고 노력했다. 그는 훌륭한 가정에서 성장했고, 자신도 그런 가정을 꾸리고 싶은 마음이 간절했다. 아름다운 아내, 사랑스런 세 자녀와 함께 교외 지역에 전원주택을 짓고 사는 것이 꿈이었다. 하나님을 원망하고 싶지 않지만 어쩔 수가 없었다. 그는 자신이 그다지 많은 것을 구하지 않았다고 생각했다. 그러나 벌써 마흔네 살이고, 흰 머리카락이 하나둘씩 보이기 시작했다. 그런 남자를 누가 원하겠는가? 밤이면 집에 오기가 싫고, 혼자 외롭게 지내는 것이 한스러웠다. 그는 자신의 삶이 온통 원망스러웠다.

무릎 수술의 고통은 다른 외과 수술에 비하면 심하지 않은 편이었다. 중학교 시절부터 남자가 코치들에게 들은 말은 한결같았다. 그들은 이구동성으로 그에게 훌륭한 운동선수가 될 재능이 특출하다고 말했다. 출전한 경기마다 그는 언제나 팀의 스타였다. 그는 열광하는 팬들을 거느린 프로 미식축구 선수가 되고 싶은 야심이 있었다. 그 꿈은 쉽게 이루어질 것처럼 보였다. 입단서에 서명하고 수백만 달러의 계약금을 받을 것이라고 철석같이 믿었다. 그러나 그 모든 것이 물거품이 되고 말았다. 경기에 복귀하더라도 그는 더 이상 훌륭한 선수가 될 수 없었다. 대학교 미식축구부에서는 곧 장학금 지원을 취소할 예정이었다. 부상으로 그의 꿈은 산산조각 나고 말았다.

기중기가 간판을 끌어 올리는 것을 보며 남자는 인생이 살 만하다고 느꼈다. 그리 크지 않은 규모의 부동산 회사지만 그가 직접 이룬 것이었다. 그는 그 회사의 소유주였다. 그곳은 그의 것이었다. 회사 앞에서 있는 그는 마치 온 세상을 정복한 기분이었다. 성공했다는 흥분감에 짜릿했다. 그는 기분이 몹시 좋았다.

소년은 가게 앞에 서서 "2013 나이키 에어조던1 레트로 운동화"를 보고 있었다. 흰색, 붉은색, 검정색 모두 정말 근사했다. 가격은 거의 200달러에 달했다. 부모님에게 어떻게 말해야 그 운동화를 살 수 있을까? 도무지 가능할 것 같지 않았다. 그러나 소년은 에어조던 운동화를 머릿속에서 지워버릴 수가 없었다. 방법을 찾아야 했다. 그는 그 운동화가 간절하게 갖고 싶었다.

지금까지 열거한 일화들에 나오는 사람들의 공통점은 무엇일까? 바로 경이로움이다. 사람들은 매일 잠자리에서 일어난 순간부터 자신도 모르는 가운데 끊임없이 경이로운 것을 추구한다. 그러나 그들의 영혼은 늘 만족하지 못한다. 그들은 그 공허감이 채워지길 갈망한다. 그래서 박물관이나 대형 콘서트, 값비싼 식당, 스포츠 결승전 경기를 찾는 것이다. 사람들은 경이로운 것에 매료된다. 에어조던 운동화를 원하는 소년도 경이로운 것을 추구하는 데는 사업에 성공한 재벌 못지않다. 학교 무도회에 가고 싶어하는 십 대 소녀도 경이로운 것을 추구하기는 꿈의 저택을 간절히 원하는 여성과 전혀 다르지 않다. 스타가 되기를 꿈꾸는 운동선수든, 완벽한 아내와 가정을 바라는 남성이든, 추구하는 것은 같다.

경이로움을 추구하는 것은 영적 인식이나 관심, 지식과는 상관이 없다. 교회나 신학, 성경 지식과도 직접적인 관계가 없다. 심지어 삶의 의미를 찾고 싶어하는 욕망과도 크게 관련이 없다. 경이로움은 신자뿐 아니라 살아 있는 사람이라면 누구나 추구하는 것이다. 이것은 문화, 역사, 지리, 언어, 종족, 성별, 나이의 한계가 없다. 모든 사람의 공통점은 인간이라는 것이다. 사람들이 경이로움을 갈망하는 것은 "인간"이기 때문이다. 누구도 예외는 없다.

경이로움이란 무엇인가

먼저, 모든 사람의 마음속 깊은 곳을 자극하는 경이로움을 넓은 관점에서 살펴보면 다음과 같다.

1. **경이로움은 모든 사람이 일평생 추구하는 것이다.** 어린 여자아이는 얼굴 가득 환한 미소를 머금고 그네에 앉아 두 발을 톡톡 걷어차고 있었다. 아이는 엄마가 준 것이 무엇인지 몰랐지만, 그것을 받자마자 입안 한가득 베어 물었다. 차갑고 달콤했다. 너무 황홀했고, 참으로 경이로웠다. 태어나서 처음 아이스크림 맛을 알게 된 것이다. 세상에서 자신을 그보다 더 즐겁고 만족스럽게 해줄 것은 어디에도 없을 것만 같았다. 소녀는 어른들이 아이스크림이라고 부르는, 차갑고 달콤한 맛을 지닌 이 경이로운 물건을 추구하는 데 일생을 바칠 준비가 되어 있었다.

노인은 거듭 비디오를 재생했다. 비디오 영상을 보지 않고는 배길 수가 없었다. 마치 중독된 듯했다. 연주자 혼자서 연주하는 그 음악은 참으로 경이롭기 그지없었다. 이 세상 그 무엇보다도 경이롭고 아름다웠다. 그래서 그는 그 영상을 몇 번이고 다시 봤다. 그의 나이는 일흔이었지만 경이로움을 추구하는 능력은 조금도 약해지지 않았다.

어린 소녀와 나이든 노인에게는 공통점이 있다. 그들은 같은 것을 추구한다. 단지 노인이 소녀보다 더 오랫동안 추구해 왔을 뿐이다. 노인은 그동안 열심히 경이로운 것을 추구했다. 그 과정에서 경이감을 느끼고 즐거워하기도 했지만, 실망하기도 했다. 어린 소녀는 처음으로 경이로움을 느끼고 황홀해하지만, 곧 노인처럼 경이로움을 갈망하는 사람이 될 것이 분명하다. 꿈을 추구하는 데 일생을 바칠 것이고, 경이로움에 사로잡히길 원할 것이다. 이렇듯 노인과 소녀는 같은 것을 추구한다. 어쩌면 둘 다 무엇이 경이로움을 원하는 열망을 부추기는지 깨닫지 못할 수도 있다. 하나님이 마음속에서 그런 갈망을 느끼게 하신 이유를 알지 못한 채 노인은 머지않아 세상을 떠나고, 소녀는 남은 삶을 계속 살아갈지도 모른다.

2. <u>**하나님은 경이로운 세상을 창조하셨다.**</u> 하나님은 우리가 놀랄 만한 경이로운 것들을 의도적으로 세상에 가득 만드셨다. 뜨거운 열기를 막도록 신중하게 설계된 아프리카의 개미집, 새콤달콤한 사과, 대기를 진동시키는 천둥소리, 아름다운 난초, 유기적으로 연결되어 있는 인간의 신비로운 육체, 지칠 줄 모르고 출렁대는 파도 등 온갖 피조물의 생김새와 소리, 감촉과 맛은 그야말로 경이롭기 그지없다. 하나님은 만물을 경이롭게 설계하셨다. 그리고 우리가 날마다 경이로워하기를 원하신다.

3. 하나님은 인간에게 경이로움을 느끼는 능력을 허락하셨다. 우리는 경이로움을 느끼게 하는 세상에 살고 있을 뿐 아니라 경이로움을 느낄 수 있는 능력을 지니고 태어났다. 그 능력을 통해 우리는 마음 깊이 갈망하는 경이로움을 느낄 수 있다.

뇌와 귀는 아름다운 음악과 소음의 차이를 구별할 수 있다. 감미롭게 지저귀는 피리새 소리와 귀에 거슬리게 울어대는 까마귀 소리도 구별할 수 있다. 우리 눈으로는 갑옷을 잘 차려입은 딱정벌레의 놀라운 생김새와 다양한 색깔, 결, 모양, 움직임 따위를 자세하고 뚜렷하게 볼 수 있고, 가까운 곳과 먼 곳을 모두 볼 수 있다. 우리는 무언가를 느끼고 감지할 수 있다. 부드러운 것, 젖은 것, 딱딱한 것, 뜨거운 것, 날카로운 것, 차가운 것, 물렁물렁한 것, 매끈한 것, 울퉁불퉁한 것을 구별할 수 있다. 우리의 혀는 맛을 느낄 수 있어서 짠 맛, 달콤한 맛, 신 맛, 매운 맛, 차가운 맛, 자극적인 맛, 거친 맛, 부드러운 맛을 구별할 수 있다. 우리는 삶 속에서 경이로움을 원할 뿐 아니라 하나님께 경이로운 것을 맛보고 느낄 수 있는 능력을 부여받았다.

4. 어디에서 경이로움을 찾느냐에 따라 삶의 방향이 달라진다. 경이로움의 원천에 따라 우리의 결정과 인생의 지향점, 우리의 인격이 달라진다. 예를 들어 물질적인 것에서 경이로움을 찾는다면 무언가를 사는 데 많은 돈을 쓸 것이다. 무언가를 계속 사들일 돈을 벌려면 일을 많이 해야 할 것이고, 물질적인 것을 소유하는 데서 자신의 정체성과 내면의 평화를 얻으려고 애쓸 것이다. 또한 그런 것들을 장만하고 유지하는 데 많은 시간을 투자해야 할 것이다. 경이로움의 원천이 물질적인 것이라

면, 온전한 만족을 얻기가 어려울 것이다. 그 밖에 다른 가치 있는 것들은 모두 무시할 수밖에 없기 때문이다. 물질적인 것은 경이로움을 갈망하는 인간의 마음을 온전히 만족시켜줄 수 없다. 으리으리한 집과 값비싼 자동차를 비롯해 온갖 종류의 아름다운 것들을 갖추더라도 진정으로 중요한 부분에서는 깊은 만족을 느끼지 못할 것이 틀림없다.

5. 경이로움은 우리 내면에 큰 기쁨이나 깊은 슬픔을 불러일으킨다.
자신이 어디에서 경이로움을 찾으려고 하는지를 간단하게 점검해 볼 방법이 있다. 가장 큰 행복이나 가장 큰 슬픔을 느끼게 하는 것이 무엇인가? 어떤 때 분노하거나 실망하는가? 어떤 때 계속해서 열심히 노력하고 싶은 생각이 드는가? 모든 것을 포기하고 싶을 때는 언제인가? 다른 사람들의 삶을 볼 때 부러워하는 것이 무엇인가? 유독 질투하게 되는 것이 무엇인가? 어떤 때 인생이 살 만하다고 느끼고, 어떤 때 인생이 온통 허무하다고 느끼는가? "내게 ……이 있다면"이라고 생각할 때, 어떤 것을 떠올리는가? 기꺼이 헌신하고 싶은 것이 무엇인가? 반대로 그런 희생을 감수할 가치가 없다고 생각하는 것은 무엇인가? 무엇을 가장 기쁘게 생각하고 무엇을 가장 슬프게 생각하는지 살펴보면, 자신이 어디에서 경이로움을 찾으려고 하는지 알 수 있을 것이다.

분노를 예로 들어보자. 지난 두어 달 동안 하나님 나라와 관련된 일로 분노를 느껴본 적이 있는가? 사실, 하나님의 일과 그분의 나라가 지향하는 목적을 방해하는 것에 분노를 느끼는 사람은 거의 없다. 사람들은 대부분 자신이 갈망하는 것, 곧 자신을 만족시킬 수 있고 행복하게 해줄 수 있다고 믿는 것이 방해받을 때 분노를 터뜨린다. 마음으로 절실히 바라는 것이 있는데 방해를 받아 추구하지 못할 때 분노한다. 이처럼 어디에서 경이로움을 찾느냐에 따라 우리는 의식하지도 못하는 사이에 마음의 감정과 생각에 큰 영향을 받는다.

6. 잘못된 대상을 향한 경이로움은 우리를 거듭 실망시킨다. 미처 깨닫지 못할 때가 많지만 우리의 불만족은 경이감에서 비롯한다. 불만족은 단순히 주변 사람이 못마땅하다거나 직장 상사가 까다롭게 군다거나 자녀들이 힘들게 하는 것과 같은 문제에서 비롯되는 것이 아니다. 자신이 늘 꿈꾸는 그런 친구가 없어서도 아니고, 꿈의 저택을 소유하지 못해서도 아니며, 건강이 나쁘거나 몸이 생각보다 빨리 늙어서도 아니다. 일상이 밋밋하고 지루하다거나, 잘 정착해서 열심히 예배드리고 봉사할 수 있는 교회를 찾지 못했거나, 실용성 없는 교육을 받았다거나, 싫어하는 직업을 선택했다는 생각이 들어서도 아니다. 이웃들이 귀찮게 하거나 가족이 감정에 젖어 극단적으로 행동하기 때문도 아니다. 한마디로 이 모든 불만족은 그보다 더 깊은 마음의 불만족, 즉 경이로움의 원천이 무엇인지에서 비롯한다.

7. 피조물에서 느끼는 경이로움은 창조주를 가리킨다. 이것은 이 책의 핵심 주제 가운데 하나다. 피조물은 경이롭다. 하나님은 만물을 경이롭게 창조하셨고, 우리에게 피조물의 경이로움을 인지할 수 있는 능력을 허락하셨다. 우리는 창조주께서 빚으신 경이로운 피조물에 감동하고 경탄할 수 있도록 창조되었다. 그러나 피조물의 경이로움을 누리고 즐거워할 때는 그것이 궁극적인 존재가 아니라는 점을 기억해야 한다. 피

조물은 우리 마음이 안식과 힘을 얻을 수 있는 원천이 아니다. 아무리 경이롭더라도 피조물은 오직 창조주께서만 주실 수 있는 것을 줄 수 없다. 경이로운 피조물은 모두 창조주를 가리킨다. 오직 그분만이 궁극적인 만족을 원하는 우리의 공허한 마음을 사로잡고 다스릴 분이다.

경탄과 두려움, 침묵과 놀라움을 자아내는 피조물은 도로의 표지판과 같다. 도로 표지판은 우리가 찾아가려는 목적지가 아니다. 우리가 찾는 곳을 가리킬 뿐이다. 표지판 앞에서 걸음을 멈추어서는 안 된다. 표지판은 그것이 가리키는 것을 제공하지 못하기 때문이다. 피조물에서 느끼는 경이로움도 목적이 있다. 즉 마음이 경이로움을 느끼며 안식할 곳을 가리키는 것이다. 경이로운 피조물을 신으로 숭배하면 그것을 창조하신 하나님을 경외할 수 없다. **피조물 간의 수평적인 경이감은 하나님과 피조물 간의 수직적인 경외심을 자극하는 역할을 할 따름이다.**

8. 경이로운 피조물은 궁극적인 만족을 줄 수 없다. 창조된 우주에 있는 그 어떤 것도 경이로움을 갈망하는 우리 마음에 안식과 평화, 정체성, 의미, 목적, 지속적인 만족을 줄 수 없다. 피조물을 통해 내면을 만족시키려는 것은 헛수고일 뿐이다. 그런 일은 절대 일어나지 않는다. 그것은 마치 구멍이 숭숭 난 거르개로 배 안에 고인 물을 퍼내려고 애쓰는 것과 같다. 세상의 것은 우리가 요구하는 것을 주지 못한다. 그러나 우리는 날마다 거르개로 물을 퍼내려고 애쓴다. 그럴 때마다 물질적인 문제보다 더 크고 깊은 문제가 생긴다. 바로 **경외심의 문제**가 생기는 것이다.

모든 것을 가졌지만 아무것도 없는 사람

그는 내가 만나본 사람 가운데 가장 불만이 많은 사람이었던 것 같다. 그는 다른 사람들이 부러워할 만한 것을 모두 갖추고 있었다. 큰 성공을 거두었고, 재물과 명예와 권력도 두루 갖추었다. 잘 가꾼 잔디밭이 달린 큰 저택, 여러 대의 자동차, 멋진 보트 등 성공에 뒤따르는 것을 모두 소유했다. 그에게는 사랑스런 아내와 잘 자란 네 자녀가 있었다. 가고 싶은 곳이 있으면 어디든 곧바로 휴가를 떠날 수 있고, 최고급 식당에서 값비싼 요리를 즐길 수 있었다. 좋은 클럽에 모두 가입했고, 가난한 사람들을 돕는 재단을 설립했으며, 건전한 교회에 출석했다. 그러나 그에게 없는 것이 하나 있었다. 바로 그가 누리는 행복이었다. 모든 것을 갖추었는데도 그는 이해할 수 없을 정도로 불만족스러워했고, 무서울 정도로 욕망이 강했다. 아내는 그가 더 많은 것을 원하고 그것을 얻으려고 애쓰다가 끝내 죽음을 맞이할 거라는 농담을 건네기도 했다.

처음 봤을 때, 그는 불행한 사람이었다. 좀 더 정확하게 표현하자면 매우 냉소적이고 불만이 가득한 사람이었다. 마치 고고학자처럼 자신의 존재라는 흙무덤을 파헤쳐 모든 것을 이해하려고 애썼다. 고고학자가 깨진 골동품 항아리 조각을 주의 깊게 살펴보는 것처럼 그는 그동안 자신이 내린 선택과 결정을 세심하게 분석했다. 지난 세월 동안 자신이 모아온 것을 마음속으로 유심히 살펴보면서 그것들의 참된 가치를 파악하려고 애썼다. 자신이 살아온 삶, 곧 결혼, 경력, 하나님과의 관계, 친구 관계, 자녀들을 비롯해 여러 가지 일을 돌아보면서 그는 한 번도 물어본 적 없던 질문 하나를 묻고 있었다. 그것은 비현실적인 공상가나 인생의 낙오자가 고민할 만한 문제라고만 생각해 온 질문이었다. 그러나 이제는 그 질문을 한시도 뇌리에서 떨쳐버릴 수가 없었다. 아침에 일어날 때든 밤에 잠자리에 누울 때든 자동차를 타고 갈 때든 골프를 칠 때든 늘 그 질문이 그를 괴롭혔다. 그것 때문에 그는 과음을 일삼았고, 조급하고 신경질적인 사람으로 변해갔다.

결국 자신이 애써 모은 것이 다 싫어지고, 주위 사람들이 자신을 부러워한다는 사실까지 혐오하기에 이르렀다. 그는 "사람들이 진실을 안다면……, 그들이 진실을 안다면……"이라고 거듭 뇌까렸다. 하나님께 고민을 털어놓지 않은 지도 오래되었다. 하나님이 자신의 고민을 들어주셨다면 이미 오래전에 도와주셨을 것이라고 판단했기 때문이다. 결국 남은 방법이라고는 이른 아침부터 늦은 밤까지 바쁘게 움직이는 것뿐이었다. 그는 은퇴했지만 작은 사업을 두어 개 새로 시작했다. 돈이 필요해서가 아니라 생각을 돌릴 곳이 필요했기 때문이다.

"모든 것을 가졌는데도 여전히 너무 공허합니다. 어떻게 이럴 수가 있죠?" 처음 만났을 때, 그가 내게 한 말이었다. 무척 심오한 질문이었다. 그는 그것이 깊은 신학적 질문이라는 사실을 의식하지 못했다. 자신이 내뱉은 질문이 얼마나 깊은 통찰을 지녔는지 알지 못했다. 그는 우울함에 사로잡혀 있었다. 마치 메마른 모래가 손가락 사이를 빠져 나가듯 그의 통찰력은 흔적도 없이 사라지고 말았다. 모든 것을 가졌지만, 얻은 것이 아무것도 없었다. 그는 내가 모든 것을 가치 있게 만들어줄 해결책을 제시해 주길 바랐지만, 나는 그럴 수가 없었다.

그는 조바심을 내며 나와 대화를 나누었고, 말 한 마디 한 마디마다 원망과 불평이 서려 있었다. 그는 간절히 도움을 원했지만 내가 줄 수 있는 유일한 도움은 그가 원하지 않을 것이 분명했다. 그가 말하는 동안, 내 머릿속에는 줄곧 "사람이 만일 온 천하를 얻고도 자기 목숨을 잃으면 무엇이 유익하리요"(막 8:36)라는 말씀이 떠올랐다. 그가 안고 있는 것은 만족의 문제가 아니라 경외심의 문제였다.

아담과 하와가 죄를 지은 이후
마지막 구원이 이를 때까지 우리는 "이미"와 "아직" 사이에 놓여 있다.
이 시기에 일어나는 싸움은
하나님이 모든 인간의 마음속에 심어놓으신 경외심의 능력을
누가 또는 무엇이 장악하고 통제할지를 둘러싸고
주도권을 빼앗는 것이다.

CHAPTER 2

경외심 쟁탈전, 나는 무엇을 경외하는가

주의 존귀하고 영광스러운 위엄과
주의 기이한 일들을 나는 작은 소리로 읊조리리이다.
_ 시편 145편 5절

"전쟁"이라는 단어를 들으면 무엇이 생각나는가? 아마 인류의 역사를 바꾸어놓은 세계대전이나, 중동 지역에서 끊임없이 발생하고 있는 분쟁이 생각날 것이다. 도심 지역에 사는 사람은 안전하던 지역 사회를 전쟁터로 뒤바꿔놓은 갱단과 마약 전쟁이 생각나기도 할 것이다. 결혼생활과 가족을 위협해 이혼에 이르게 하는 가정 분쟁, 시민의 행복을 유지해야 하는 정부를 무력화시키는 정치적 싸움이 떠오르는 사람도 있을지 모른다. 이런 크고 작은 전쟁은 모두 중대한 현실이지만 인류의 역사와 개인의 삶을 결정지은 또 다른 전쟁과 비교하면 그다지 중요하게 보이지 않는다. 대체 무슨 전쟁일까? 바로 경이로움을 두고 싸우는 전쟁, 즉 인간의 마음속에서 경외심을 쟁탈하기 위해 일어나는 싸움이다.

아담과 하와가 죄를 지은 이후 마지막 구원이 이를 때까지 우리는 "이미"와 "아직" 사이에 놓여 있다. 이 시기에 일어나는 싸움은 하나님이 인간의 마음속에 심어놓으신 경외심의 능력을 누가 또는 무엇이 장악하고 통제할지를 둘러싸고 주도권을 빼앗는 것이다. 이미 언급한 대로 모든 인간은 경이로움, 즉 경외심을 인식하는 능력을 지녔다. 따라서 모든 사람은 그 능력을 발휘할 수 있는 기회를 찾는다. 경외심을 느끼는 능력의 목적은 하나님을 경이로워하고 경배하게 하는 것이다. 그러나 죄가 하나님과 우리 사이를 갈라놓은 탓에 우리는 하나님이 아닌 다른 것들에 경외심을 느낀다. 은혜롭게도 하나님은 경외심을 차지하려는 우리의 싸움에 친히 개입하신다. **위대한 구원사의 근본 목적이자 예수님과 그분의 사역이 지향하는 목표는 우리 마음을 다시 사로잡아 오직 하나님을 경외하고 그분만 경이로워하게 만드는 것이다.**

이것이 이번 장의 주제다. 성경은 본질적으로 하나님의 계시에 근거한 설명을 곁들여 웅장한 구원사를 전하고 있을 뿐 아니라 경외심 쟁탈전에 관해 증언한다. 성경은 "잘못된 경외심"(awe wrongedness)의 본질과 결과를 명쾌하게 진술하고 있다. 성경은 우리를 깨우치고 구원하기 위해 "잘못된 경외심"을 가르치고 있다. 우리 마음속에 있는 죄의 위험성을 일깨우고, 예수님만이 주실 수 있는 구원을 갈망하게 한다. 성경을 통해 "잘못된 경외심"이라는 주제를 살펴보려는 이유는 우리 마음속에서 일어나고 있는 싸움에 지혜롭게 대처하기 위해서다.

이제 내 마음속에서는 이 싸움이 사라졌다고 말할 수 있으면 참 좋으련만 그럴 수가 없다. 슬프지만 "잘못된 경외심"은 내 삶에서 여전히 기세가 등등하다. 때로 내 마음은 물질적인 것에 매료되는 정도가 적당한 수준을 넘어서기도 하고, 하나님을 신뢰하기보다 자기중심적으로 교만한 태도를 취하기도 하며, 하나님께 영광을 돌리기보다 다른 사람들의 인정과 존경을 더 탐하기도 한다. 일상생활을 조금만 돌이켜보더라도, 이번 장과 성경을 통해 생생하게 묘사된 싸움이 내 마음이라는 전쟁터에서 얼마나 치열하게 일어나고 있는지를 분명하게 알 수 있다.

끊임없이 이어져 온 "잘못된 경외심"

지금 말하려는 것은 인류 역사상 가장 슬픈 사건이다. 단 하루도 이 사건의 결과와 마주치지 않고는 배길 수 없다. 이 한 사건을 통해 하나님이 본래 의도하신 것과 다르게 모든 것이 힘들고 위험하고 고통스럽게 변질되었다. 이 사건은 우리의 결혼생활과 인간관계에 심각한 영향을 끼쳤고, 자녀를 양육하는 일을 어렵게 만들었다. 사람들 사이의 갈등과 이 땅에서 일어난 전쟁의 밑바닥에는 항상 이 사건이 도사리고 있다. 이 사건 때문에 음식과 돈, 섹스의 즐거움은 위험한 것이 되었다. 경외심 쟁탈전은 바로 이 사건에서 시작되었다.

창세기 3장 1-7절에 기록된 **에덴동산 사건**만큼 "잘못된 경외심"을 생생하고 강력하고 교훈적으로 묘사하는 기록은 어디에도 없다.

[1]그런데 뱀은 여호와 하나님이 지으신 들짐승 중에 가장 간교하니라 뱀이 여자에게 물어 이르되 하나님이 참으로 너희에게 동산 모든 나무의 열매를 먹지 말라 하시더냐 [2]여자가 뱀에게 말하되 동산 나무의 열매를 우리가 먹을 수 있으나 [3]동산 중앙에 있는 나무의 열매는 하나님의 말씀에 너희는 먹지도 말고 만지지도 말라 너희가 죽을까 하노라 하셨느니라 [4]뱀이 여자에게 이르되 너희가 결코 죽지 아니하리라 [5]너희가 그것을

먹는 날에는 너희 눈이 밝아져 하나님과 같이 되어 선악을 알 줄 하나님이 아심이니라 6여자가 그 나무를 본즉 먹음직도 하고 보암직도 하고 지혜롭게 할 만큼 탐스럽기도 한 나무인지라 여자가 그 열매를 따먹고 자기와 함께 있는 남편에게도 주매 그도 먹은지라 7이에 그들의 눈이 밝아져 자기들이 벗은 줄을 알고 무화과나무 잎을 엮어 치마로 삼았더라.

매우 충격적이고 슬프지만 사실이다. 그러나 우리는 이 사건에 익숙한 나머지 이제 아무런 충격도 받지 않는다. 아담과 하와는 모든 것을 가졌다. 그들에게 필요한 모든 것이 공급되었다. 죄와 질병, 고통이 전혀 없었다. 모든 피조물은 저마다 제 기능을 온전히 발휘했다. 하나님은 합당하신 자리에 계시다가, 자신이 창조하신 사람들과 교제를 나누기 위해 기꺼이 세상을 찾으셨다. 그곳은 말 그대로 지상 낙원이었다.

그러나 아름다운 도자기가 콘크리트 바닥에 부딪쳐 산산조각 나듯 낙원은 곧 모조리 망가질 운명이었다. 아담과 하와는 모든 것이 불만족스러웠다. 그들은 더 많은 것을 원했다. 더 많은 것을 원하는 그들의 어리석은 마음속에는 "잘못된 경외심"이 도사리고 있었다. 뱀은 그들이 갖지 못한 한 가시를 제시했다. 바로 하나님의 자리에 올라서는 것이다. 그것은 그들이 절대로 가져서는 안 되고, 가질 수도 없는 것이었다.

뱀은 그들에게 하나님의 영역을 침범하면 하나님처럼 될 것이라고 말했다. 모든 죄인의 마음 깊은 곳에는 이 위험한 생각이 숨어 있다. 우리는 하나님처럼 공경받고, 하나님처럼 다스리며, 하나님처럼 지배하고, 하나님처럼 모든 것의 중심이 되기를 원한다. 아담과 하와의 타락은 인간이 하나님을 밀어내고 자아를 경외한 첫 순간이었다. 그리고 이제 그것은 모든 사람의 생각과 욕망, 선택과 행동을 좌우하는 요인이 되었다. 아담과 하와의 타락 이후 자아를 경외하는 성향 때문에 온갖 이기적이고, 반사회적이고, 부도덕한 행위가 생겨났다.

안타깝게도 아담과 하와는 "잘못된 경외심"에 사로잡혀 금단의 열매를 먹었다. 온 피조물을 감싸던 영광스런 "샬롬"(평화)은 산산이 깨져버렸다. 역사가 바뀌고 만 것이다. 인간의 머리로는 그 순간에 일어난 피해를 이루 다 헤아릴 수 없지만, 한 가지만은 분명하게 알 수 있다. 그 순간 "잘못된 경외심"이 온 세상에 영향을 끼쳐 모든 인간의 마음속에 전쟁을 일으켰다는 것이다. 성경은 죄로 인한 이 피해와 싸움이 주 예수 그리스도의 구원 사역을 통해 가장 극명하게 드러났다고 말한다. 이것이 성경의 중심 주제다. 성경은 이 핵심적인 사건을 통해 "잘못된 경외심"을 생생하게 증언한다. 이 주제는 성경 곳곳에 흩어져 있다.

성경을 읽다 보면 오래지 않아 도저히 상상할 수 없는 사건을 통해 "잘못된 경외심"이 불거져 나온다. 바로 **형제 살해 사건**(창 4:1-16)이다. 가인은 희생 제사를 드렸지만 그 제사는 사심 없이 하나님을 섬긴 참된 예배가 아니었다. 그가 참된 예배를 드렸다면, 형제를 살해하는 일은 없었을 것이다. 예배 행위를 통해 "잘못된 경외심"이 극명하게 드러났다는 점에서 이 사건은 매우 참혹한 아이러니가 아닐 수 없다. 하나님을 경외하는 마음으로 예배를 드렸다면, 하나님이 제사를 거절하셨을 때 가인은 슬퍼하며 자신의 예배가 잘못되었다고 고백했을 것이다. 그리고 즐거운 마음으로 다시금 하나님이 기쁘게 받으실 수 있는 제사를 드렸을 것이다. 그러나 그는 동생을 극도로 시기했고, 그 불타는 시기심에 못 이겨 끝내 형제를 살해하고 말았다. 얼마나 두렵고 충격적인 사건인가! 이런 사건이 지역 신문에 보도된다면 모두 혀를 내두를 것이다. 형제가 형제를 죽이다니! 가인의 문제는 형제간의 우애나 예배 형식, 종교 의식이 아니었다. 그의 문제는 경외심이었다. 땅에서부터 아벨의 피가 호소하게 된 것은 가인의 "잘못된 경외심"이 낳은 결과였다.

우리는 이 사건에서 한 가지 원리를 발견할 수 있다. 이 원리는 성경 곳곳에 잘 드러나 있다. 구체적으로 말하자면 죄인의 마음속에서 "하나님을 경외하는 마음이 자아를 경외하는 마음으로 신속하게 대체된 것"이다. 이것은 모든 싸움 중에 가장 큰 싸움이다.

하나님은 인간의 마음속에서 일어나는 싸움을 간단하게 요약하셨다. 그 말씀이 얼마나 두려운지 등골이 오싹해질 정도다.

> [5]여호와께서 사람의 죄악이 세상에 가득함과 그의 마음으로 생각하는 모든 계획이 항상 악할 뿐임을 보시고 [6]땅 위에 사람 지으셨음을 한탄하사 마음에 근심하시고(창 6:5-6).

하나님이 창조하신 것을 한탄하셨다는 말씀을 읽을 때 우리는 두려워 떨어야 마땅하다. 이것은 매우 심각한 일이다. 인간의 본성에 대한 하나님의 평가는 전체적으로 매우 암울하다. 사람들이 생각하고 바라는 것은 모두 잘못되었다. 마음의 동기도 모두 악하다. 모든 관점과 욕망이 악에 오염되었다. 그렇다면 최종 결론은 무엇인가? 바로 인간이 자신을 향한 하나님의 뜻을 거부하고 자기 뜻대로 하고 싶어한다는 것이다. 인간이 자신을 위해 설정한 한계는 하나님이 정하신 한계를 넘어섰다. 생각하고 바라고 말하는 모든 것이 하나님을 거역한다. 하나님을 더는 염두에 두지 않기 때문이다. 인간은 하나님을 기쁘시게 하는 것이 무엇인지 생각하지 않는다. 하나님의 소유권과 통치권을 염두에 두지 않으며, 그분의 거룩한 뜻과 영원한 영광에 아무런 관심이 없다. 인간이 관심을 기울이는 것은 자기 자신과 자신이 원하는 것뿐이다. 인간의 문제는 환경도, 관계도 아니다. 인간은 영적인 문제를 안고 있다. 인간은 하나님을 망각하고 자신을 중심에 세웠다. **인간의 삶을 지배하는 악은 모두 인간의 마음을 지배하는 "잘못된 경외심"에서 비롯한다.**

하나님이 **모세를 부르시는 장면**을 보면, "잘못된 경외심"을 사뭇 다른 각도에서 살펴볼 수 있다. 출애굽기 3장을 보면 모세는 목숨을 부지하기 위해 망명생활을 하고 있었다. 그러던 어느 날 하나님이 이스라엘 백성을 애굽에서 이끌고 나오라고 명령하셨다. 그러나 그는 크게 두려워하며 물러섰다. 그는 자신이 하나님이 요구하시는 일을 감당할 수 없다고 생각했다. 하나님은 두려워하는 모세에게 자신의 경이로운 영광을 보여주셨다(출 4장). 모세는 당연히 경외심을 느끼며 애굽의 바로 앞에서 경이로우신 하나님을 증언해야 마땅했지만 그러지 못했다. 하나님이 놀라운 능력을 영광스럽게 나타내셨는데도 모세는 자기 대신 다른 사람을 보내달라고 간청했다. 자신의 부족함과 정치적 위험을 크게 의식하고 두려워한 나머지, 자기를 보내고자 하시는 하나님의 경이로운 영광을 보지 못했다. 그는 하나님을 경외하지 않았다. 그의 마음속에서 경외심을 의식하는 기능이 애굽인에 대한 두려움으로 온통 마비된 것이다. 그는 하나님이 맡기시려는 일을 거절하고 도망칠 생각뿐이었다.

나중에 모세는 하나님을 경외하게 되었지만, 광야에서 그가 인도한 백성은 그러지 못했다. 하나님은 시내산에서 놀라운 기적으로 지극한 사랑을 나타내셨고, 사랑스럽게 여기시는 백성을 위해 모세에게 율법을 허락하셨다. 그러나 바로 그 순간, 산 밑에 있던 이스라엘 백성은 금을 녹여 눈에 보이는 우상을 만들어 예배했다. 이 두 사건을 나란히 비교하면 도무지 이해하기 어려운 차이가 느껴진다. 하나님은 산 위에서 자신이 위대하신 하나님이라는 것을 입증해 보이고 계시는데, 이스라엘 백성은 산 밑에서 그분을 다른 것으로 대체하고 있었다. 우리는 이스라엘 백성이 사용한 표현을 주의 깊게 살펴보아야 한다. 그들은 자신들이 만든 금송아지를 향해 "이스라엘아 이는 너희를 애굽 땅에서 인도하여 낸 너희의 신이로다"(출 32:4)라고 말했다.

또다시 "잘못된 경외심"의 파괴적이고 망상적인 기능이 여실히 드러난 장면 아니겠는가? **"잘못된 경외심"은 하나님만 하실 수 있는 일을 물리적인 피조물이나 인간이 만들어낸 것이 행한 일로 간주하는 것이다.** 바꾸어 말해 마땅히 찬양을 돌려야 할 곳에 찬양을 돌리지 않고, 찬양을 돌려야 할 아무런 이유가 없는 것에 찬양을 돌리는 것이다. 우리는 삶에 축복을 가져다 준 대상을 경외하며 살아간다. 우리가 기뻐하는 것을 가져다 준 대상이라고 여기는 것을 숭배한다. **금송아지를 만들어 예배한 행위**는 "잘못된 경외심"을 생생하게 보여주는 확실한 사례다.

사무엘상 17장에 언급된 **엘라 골짜기 사건**도 "잘못된 경외심"을 분명하게 보여준다. 지극히 높으신 하나님을 섬기는 군대가 40일 동안이나 거인 골리앗이 두려워 감히 맞서지 못하고 숨을 죽이고 있었다. 그들은 40일 동안 골리앗이 "내가 오늘 이스라엘의 군대를 모욕하였으니 사람을 보내어 나와 더불어 싸우게 하라"(10절)고 모욕하는 소리를 들어야 했다. 이스라엘 군대가 골짜기로 내려가 적과 맞서 싸우기를 주저한 이유는 군사적인 전략이나 전술이 부족해서가 아니었다. 바로 하나님을 경외하는 마음을 잊은 탓이었다. 하나님을 경외하는 마음은 삶을 인도하고 용기를 북돋우지만 그들에게는 그런 마음이 없었다. 그들은 잘못된 영적 등식에 근거하여 자신들의 상황을 그릇 판단했고, 선뜻 골짜기로 내려가지 못했다. 40일 동안 자신들과 골리앗의 덩치와 능력을 비교하고, 그 결과 그를 도저히 이기지 못할 것이라고 결론지은 것이다.

당시 다윗은 형들에게 점심을 가져다주려고 싸움터를 찾아갔다. 그는 이스라엘 군대가 골리앗의 도전을 받아들이지 않는 이유를 이해할 수 없었다. 그리고 놀랍게도 그가 골리앗과 싸우겠다고 나섰다. 다윗이 오만했던 걸까? 헛된 망상을 품은 것일까? 승산이 없다는 것을 이해하지 못한 것일까? 그렇지 않다. "여호와께서 나를 사자의 발톱과 곰의 발톱에서 건져내셨은즉 나를 이 블레셋 사람의 손에서도 건져내시리이다"(삼상 17:37). 다윗은 영적으로 올바르게 판단했고, 조금도 두려워하지 않았다. "잘못된 경외심"에 사로잡히지 않았기 때문이다. 작고 연약한 다윗이 무서운 거인을 상대하는 것이 아니라, 작고 연약한 거인이 지극히 엄위하신 하나님을 대적하는 것이다. 자, 어느 쪽이 이길 것 같은가? 다윗은 하나님을 경외하는 마음에서 비롯한 담대함과 자신감을 품고, 40일 동안 두려움의 골짜기로 변한 싸움터에 내려가 골리앗을 물리치고 이스라엘 군대가 블레셋 군대를 패주시키도록 이끌었다.

"잘못된 경외심"은 무력감, 외로움, 두려움, 자신감 없는 태도를 부추기지만, "하나님을 경외하는 마음"은 용기, 희망, 담대한 행동을 독려한다. 이것은 싸움 중의 싸움이다. 신학적 신념과 상관없이 "잘못된 경외심"에 사로잡혀 살고 있는 사람이 많다. 그들은 자신이 남긴 희망의 파편을 놓치지 않으려고 애쓰면서 패배감과 불안감에 사로잡혀 무기력하게 살아간다. 우리의 문제는 우리가 직면한 일의 어려움이나 크기와는 아무 상관이 없다. 우리의 문제는 "잘못된 경외심"이다. 그것은 우리의 일상생활에 크나큰 악영향을 끼친다. "잘못된 경외심"은 우리가 물리쳐야 할 것을 두려워하게 만들며, 진실을 마주할 용기를 꺾어 현실을 부정하도록 이끌고, 사람이나 상황을 의식하며 초조함을 느끼게 만든다. "잘못된 경외심"은 우리가 통제할 수 없는 것을 통제하려고 애쓰도록 부추긴다. "잘못된 경외심"은 우리를 선한 길로 인도하지 못한다.

창세기 3장 이후, "잘못된 경외심"을 가장 잘 보여주는 사례가 있다면 다니엘서에 기록된 **느부갓네살왕의 이야기**일 것이다. 하나님이 누구도 거부할 수 없는 놀라운 권능으로 온 인류와 역사를 다스리신다는 것이 다니엘서의 핵심 주제다. 다니엘서를 읽고 나면 하나님이 "온 세상을 다스리신다"는 확신을 얻을 수 있다. 참으로 흥미롭게도 다니엘서는 "잘못된 경외심"의 극적인 사례 가운데 하나를 우리 앞에 제시한다. 이렇듯 다니엘서를 읽을 때는 전체적인 주제와 느부갓네살왕의 이야기가 서로 크게 대조되어 나타나고 있다는 사실을 기억해야 한다(다니엘 3, 4장 참조).

느부갓네살왕은 누구도 견줄 수 없는 위대함과 권세를 누리는 자리에 올라섰다. 그는 자신을 신처럼 생각하며 권세를 휘둘렀다. 권위를 내세우기 위해 거대한 금 신상을 만들었고, 자신의 권세 아래 있는 모든 사람에게 그 앞에 절하라고 명령했다. 그러나 그것은 영광을 찬탈하는 행위였다. 단순히 우상을 숭배하는 문제가 아니라 "잘못된 경외심"의 문제였다. 그는 오직 하나님께만 합당한 것을 훔친 통치자였다. 다니엘 4장 30절에 기록된 수사적 질문이 느부갓네살왕의 "잘못된 경외심"을 분명하게 드러낸다. "이 큰 바벨론은 내가 능력과 권세로 건설하여 나의 도성으로 삼고 이것으로 내 위엄과 영광을 나타낸 것이 아니냐."

느부갓네살왕은 백성에게 우상을 숭배하라는 그릇된 명령을 내려서 자신의 영광을 선포하고 하나님의 경이로운 영광을 대적했다. 그의 태도는 "잘못된 경외심"의 본질을 분명하게 보여준다.

우리 마음속에서 일어나는 싸움은 하나님을 경외하는 마음과 자아를 경외하는 마음의 싸움이다. 이 싸움은 우리 모두를 영광을 도둑질한 범죄자로 전락시킨다. 우리는 위에 계신 하나님을 상대로 우리가 생각하는 것보다 더 많은 영광을 도둑질하고 있다. 우리는 생각보다 더 열심히 개인적인 영광을 추구한다. 오직 하나님만이 하실 수 있는 일을 우리의 공로로 돌릴 때가 생각보다 많다. 우리는 교묘한 우상 숭배를 통해 하나님께 속한 것을 다른 것이나 특정한 장소에 속한 것으로 간주한다. 우리도 느부갓네살왕의 죄와 조금도 무관하지 않다.

하나님은 무한한 권능과 은혜를 베풀어 느부갓네살왕에게 왕 자신은 물론 온 우주 만물을 다스리는 진정한 주권자가 누구인지 보여주셨다. 하나님은 그를 무한히 낮추셨다. 그 결과 그는 소처럼 풀을 뜯고 짐승처럼 느끼고 행동했다. 하나님의 목적은 그를 "잘못된 경외심"에서 벗어나게 하는 것이었다. 나중에 느부갓네살왕은 주권자이신 하나님의 은혜로 본래 상태를 회복하고 이렇게 고백한다.

[34] ····· 그 권세는 영원한 권세요 그 나라는 대대에 이르리로다 [35]땅의 모든 사람들을 없는 것같이 여기시며 하늘의 군대에게든지 땅의 사람에게든지 그는 자기 뜻대로 행하시나니 그의 손을 금하든지 혹시 이르

기를 네가 무엇을 하느냐고 할 자가 아무도 없도다(단 4:34-35).

느부갓네살왕은 영원한 왕국을 다스리는 하나님의 경이로운 통치권을 고백하고 있다. 우리도 날마다 그렇게 고백해야 한다. 그의 고백은 매일 아침마다 들여다보는 거울에 붙여놓아야 할 만큼 가치 있다. 그의 고백은 하나님이 어떤 분인지 상기시켜줄 뿐 아니라 우리 자신이 누구인지 깨우쳐주어서 영광을 도둑질하는 "잘못된 경외심", 곧 이 세상에서 끊임없이 우리를 위협하는 죄악에서 보호해 줄 것이다.

성경의 핵심 주제인 위대한 구원 역사를 살펴보면 "잘못된 경외심"과 관련된 사건을 곳곳에서 발견할 수 있다. **사울왕**은 아말렉 족속과 그들의 모든 소유를 남김없이 진멸하라는 하나님의 명령에 복종하지 않았다(삼상 15장). 사울은 자신이 주권자이고 스스로 통치권을 행사할 권한이 있는 것처럼 행동했다. 그래서 모든 것을 진멸하라는 하나님의 명령을 따르지 않고 좋은 것들을 자기 몫으로 취했다. 그는 "잘못된 경외심"에서 비롯한 불순종을 저지른 것도 모자라 그 잘못을 백성에게 뒤집어씌우기까지 했다. 사무엘은 "이는 거역하는 것은 점치는 죄와 같고 완고한 것은 사신 우상에게 절하는 죄와 같음이라"(23절)는 말로 사울의 악한 동기를 여실히 드러냈다. 사울의 문제는 아말렉 족속을 진멸하라는 하나님 명령에 복종하지 않은 것에서 끝나지 않는다. 그의 문제는 마음에 있었다. 그의 마음은 하나님이 아닌 물질적인 것을 경외하는 데 지배되었다. "잘못된 경외심"에 사로잡혀 하나님이 금하신 것을 탐하고, 그분의 분명한 명령을 거부했다. 결국 하나님은 사울을 버려 더 이상 왕이 되지 못하게 하셔서 누가 통치권을 행사하는 진정한 주권자인지 확실하게 보여주셨다. "잘못된 경외심"은 놀라울 정도로 무감각하고 도덕적으로 크게 잘못된 일일 뿐 아니라 당사자를 파멸로 몰아넣는다.

사사기에서 거듭 발견되는 안타까운 사건들은 또 어떠한가? 오직 하나님만 섬기고 그분께만 복종하며 그분의 도덕적 명령을 성심껏 지켜야 할 백성이 자신들이 생각하기에 옳은 대로 행동한 탓에 거듭 온갖 고초와 시련을 겪었다. 사사기는 "잘못된 경외심"에서 비롯한 불순종, 그에 따른 하나님의 징계, 그분의 은혜로운 구원, 이어지는 또 다른 불순종이라는 악순환의 역사를 분명하게 증언한다.

아모스 선지자도 제멋대로 오만하게 굴며 자신을 높이는 **이스라엘 지도자들**을 언급했다. "잘못된 경외심"에 사로잡힌 그들은 마땅히 예배하고 섬겨야 할 하나님의 영광과 권능보다 자신의 권세와 부를 자랑했다. 백성의 안위를 돌봐야 할 위치에 있었지만 하나님을 잊은 탓에 해야 할 의무에 전혀 관심을 기울이지 않았다. 아모스 선지자는 이렇게 말했다.

⁴상아 상에 누우며 침상에서 기지개 켜며 양 떼에서 어린 양과 우리에서 송아지를 잡아서 먹고 ⁵비파 소리에 맞추어 노래를 지절거리며 다윗처럼 자기를 위하여 악기를 제조하며 ⁶대접으로 포도주를 마시며 귀한 기름을 몸에 바르면서 요셉의 환난에 대하여는 근심하지 아니하는 자로다(암 6:4-6).

오늘날에도 정계나 교계의 지도자들 가운데 "잘못된 경외심"에 사로잡혀 자신이 섬기고 이끌어야 할 사람들보다는 자신의 권세와 지위에 더 많은 관심을 기울이는 이들이 얼마나 많은가? 마치 자신은 연약한 교인들과 본질적으로 다르기 때문에 아무런 영적 돌봄도 필요하지 않은 것처럼 생각하고 그리스도의 몸과 거리를 두거나 그 위에 군림하고 싶어하는 목회자도 있을 수 있고, 자신을 뽑아준 사람들의 이익을 보호하기보다 자신의 지위를 이용해 사적인 권력을 강화하는 데만 관심을 기울이는 정치인도 있을 수 있다. 요즘에도 아모스 당시의 지도자들과 마찬가지로 "잘못된 경외심"에 사로잡힌 지도자가 적지 않다.

그리스도의 탄생을 시기해 **유아를 살해한 헤롯**에 관한 신약성경의 끔찍한 증언은 또 어떤가? 그리스도의 십자가 이전 역사상 이보다 더 비극적이고 터무니없는 사건이 또 있을까? 신약성경은 이 충격적인 사건을 간단하게 증언하고 있다. "이에 헤롯이 …… 노하여 사람을 보내어 베들레헴과 그 모든 지경 안에 있는 사내아이를 박사들에게 자세히 알아본 그때를 기준하여 두 살부터 그 아래로 다 죽이니"(마 2:16).

간단한 기록이라고 해서 상상하기조차 힘든 끔찍한 공포에서 벗어나게 하지는 않는다. 베들레헴과 그 주변 지역에서 자녀를 잃고 대성통곡하는 부모들의 모습을 상상해 보라. "잘못된 경외심"에서 비롯한 행위 가운데 이보다 사악한 행위가 또 어디 있겠는가? 헤롯이 그런 극악무도한 일을 저지른 이유는 무엇일까? 다른 왕이 태어나 자신의 통치권에 도전하는 것을 용납하지 않으려는 것이다. 그는 죄 없는 아이들을 살해하는 것보다 권력을 잃는 것을 더 중요하게 생각했다.

사람들이 저지르는 만행은 모두 "잘못된 경외심"에서 비롯한다. 살인의 근본 원인은 "잘못된 경외심"에 있다. 육체적 학대나 성적 학대도 모두 "잘못된 경외심"에서 비롯한다. 가정 폭력이나 테러, 불필요한 정치 폭력도 마찬가지다. 다른 사람의 명예를 훼손하길 좋아하게 만드는 요인도 "잘못된 경외심"이고, 앙심과 원한과 시기심을 품고 서로를 대하게 만드는 요인도 "잘못된 경외심"이다. 인종차별은 물론, 인간 사회를 공동체가 아닌 전쟁터로 만드는 근본 원인도 "잘못된 경외심"에 있다. "잘못된 경외심"이 마음을 지배하면 서로를 해칠 수밖에 없다.

심지어는 **제자들**까지도 주님의 고난과 죽음을 슬퍼하기보다 그리스도의 나라에서 자신들이 차지하게 될 지위에만 관심을 기울였다. 예수님은 임박한 죽음과 부활을 어느 때보다 분명하게 언급하셨지만 그들은 그 말씀을 듣고도 메시아가 죽는 일은 절대로 있을 수 없다고 생각하고, 누가 그리스도의 나라에서 가장 높은 자리를 차지할지를 놓고 다툼을 벌였다(마가복음 9장 30-37절 참조). 제자들이 예수님의 고난을 깊이 생각하지 못한 이유는 그들 자신의 위대함에만 관심을 집중했기 때문이다. 그들은 신학적인 개념을 혼란스러워한 것이 아니다. 자기 자신의 위대함이라는 올무에 걸려든 것이다. 그들은 메시아의 제자들이었지만 스스로 주인공이 되고자 했다. 십자가와 "잘못된 경외심"이 충돌한 것이다. 이 사건은 십자가가 반드시 필요하다는 것을 분명하게 보여준다.

예수님이 세상에 오신 이유

아마도 로마서 1장만큼 "잘못된 경외심"을 명확하게 진술하고 있는 성경 본문은 없을 것이다.

[18]하나님의 진노가 불의로 진리를 막는 사람들의 모든 경건하지 않음과 불의에 대하여 하늘로부터 나타나나니 [19]이는 하나님을 알 만한 것

이 그들 속에 보임이라 하나님께서 이를 그들에게 보이셨느니라 [20]창세로부터 그의 보이지 아니하는 것들 곧 그의 영원하신 능력과 신성이 그가 만드신 만물에 분명히 보여 알려졌나니 그러므로 그들이 핑계하지 못할지니라 [21]하나님을 알되 하나님을 영화롭게도 아니하며 감사하지도 아니하고 오히려 그 생각이 허망하여지며 미련한 마음이 어두워졌나니 [22]스스로 지혜 있다 하나 어리석게 되어 [23]썩어지지 아니하는 하나님의 영광을 썩어질 사람과 새와 짐승과 기어 다니는 동물 모양의 우상으로 바꾸었느니라 [24]그러므로 하나님께서 그들을 마음의 정욕대로 더러움에 내버려두사 그들의 몸을 서로 욕되게 하게 하셨으니 [25]이는 그들이 하나님의 진리를 거짓 것으로 바꾸어 피조물을 조물주보다 더 경배하고 섬김이라 주는 곧 영원히 찬송할 이시로다 아멘 [26]이 때문에 하나님께서 그들을 부끄러운 욕심에 내버려두셨으니 곧 그들의 여자들도 순리대로 쓸 것을 바꾸어 역리로 쓰며 [27]그와 같이 남자들도 순리대로 여자 쓰기를 버리고 서로 향하여 음욕이 불 일듯 하매 남자가 남자와 더불어 부끄러운 일을 행하여 그들의 그릇됨에 상당한 보응을 그들 자신이 받았느니라 [28]또한 그들이 마음에 하나님 두기를 싫어하매 하나님께서 그들을 그 상실한 마음대로 내버려두사 합당하지 못한 일을 하게 하셨으니 [29]곧 모든 불의, 추악, 탐욕, 악의가 가득한 자요 시기, 살인, 분쟁, 사기, 악독이 가득한 자요 수군수군하는 자요 [30]비방하는 자요 하나님께서 미워하시는 자요 능욕하는 자요 교만한 자요 자랑하는 자요 악을 도모하는 자요 부모를 거역하는 자요 [31]우매한 자요 배약하는 자요 무정한 자요 무자비한 자라 [32]그들이 이 같은 일을 행하는 자는 사형에 해당한다고 하나님께서 정하심을 알고도 자기들만 행할 뿐 아니라 또한 그런 일을 행하는 자들을 옳다 하느니라(18-32절).

이 본문은 "잘못된 경외심"의 영향력과 심각성을 아무리 강조해도 지나치지 않다는 것을 잘 보여준다. 사실 "잘못된 경외심"은 우리가 생각하고, 바라고, 선택하고, 말하고, 행동하는 모든 악한 일의 원천이자 근원이다. 개인적 차원, 관계적 차원, 사회적 차원에서 발생하는 모든 역기능의 원인이 여기에 있다. "잘못된 경외심"은 오직 하나님만이 계셔야 할 위치에 우리 자신이나 피조물을 올려놓게 만든다. 그리고 그렇게 하는 순간, 악한 일이 끊임없이 발생한다.

예수님이 세상에 오신 이유는 "잘못된 경외심" 때문이다. "잘못된 경외심"은 우리 가운데 누구도 피할 수 없는 중대한 영적 질병이자 우리 가운데 아무도 이길 수 없는 전쟁 중의 전쟁이다. 왜일까? 그 질병과 전쟁이 우리 마음속에서 발생하는 것이기 때문이다. 우리의 희망은 오직 우리를 우리 자신에게서 해방시켜줄 외부의 구원뿐이다. 그런데 감사하게도 하나님이 놀라운 은혜를 베풀어 자연의 힘과 인류 역사를 섭리하셔서 정하신 때에 구원자이자 메시아, 어린양이자 왕이신 독생자 예수 그리스도를 세상에 보내셨다. 그리고 그분으로 하여금 우리가 마땅히 살아야 할 삶을 살게 하시고, 우리가 마땅히 죽어야 할 죽음을 감당하게 하셨다. 이렇게 해서 "잘못된 경외심"에서 벗어나 하나님 앞에 나가 매 순간 그분을 경외하며 살아가는 백성이 될 수 있는 길이 열렸다.

좋은 소식이 있다. 용서와 구원을 주는 하나님의 은혜는 모든 죄인의 마음을 지배하는 "잘못된 경외심"보다 무한히 더 강력하다는 것이다. 이것은 진정 가장 좋은 소식이 아닐 수 없다.

예배를 드릴 때나 어린아이들을 가르칠 때나
소그룹을 인도할 때나 설교를 전할 때나
내가 지향해야 할 목적은
교인들 앞에서 항상 하나님이 행하시는 사역의
경이로운 영광을 드러내는 것이다.
무슨 사역을 하든지 하나님의 백성에게
그분을 경외하는 마음을 불러일으키는 것이
하나님의 뜻이다.

CHAPTER 3

사역의 본질은 경외심을 되찾아주는 것이다

더 이상 멈춰 서서 감탄하지 못하고,
경이로움에 황홀해하지도 못하는 사람은
죽은 것이나 다름없다. 그의 눈은 감겨 있다.
_ 알베르트 아인슈타인[2]

나는 사역자였지만 사역을 진정으로 이해하지는 못했다. 사역을 이해하지 못한 이유는 내가 섬겨야 할 사람들을 이해하지 못했기 때문이고, 내가 섬겨야 할 사람들을 이해하지 못한 이유는 타락한 세상에서의 삶을 이해하지 못했기 때문이다. 물론 나는 나름대로 그들에게 도움이 될 만한 것을 말하고 행했다. 교인들에게 예수 그리스도의 복음을 전하려고 노력했고, 오직 하나님의 말씀 안에서만 찾을 수 있는 지혜로 사람들을 권고했다. 그러나 내 사역은 중요한 것을 놓치고 있었다. 복음과 관련된 것이라면 무엇이든 실행했지만 내 사역은 절대로 변하지도, 타협할 수도 없는 한 가지 핵심적인 사명에는 초점을 맞추지 못했다. 나는 바쁘게 일했을 뿐, 사역의 이유를 온전히 이해하지 못했다.

나는 세계 곳곳에서 나와 같은 사역자들을 많이 만났다. 문제는 그들이 경건하지 못하거나 동기가 순수하지 않거나 선한 것을 행하거나 말하지 않는 것이 아니었다. 그들이 한 가지 핵심적인 관점을 결여한 데 있었다. 그 때문에 그들은 사역을 행하는 이유를 알지 못했다.

우리가 초점을 맞춰야 할 가장 중요한 핵심을 이해하지 못하면 우리의 마음과 사역이 그릇된 길로 치우치기 쉽다. 모든 사역을 이끌어줄 가장 중요한 핵심을 이해하지 못한 채 사역을 하는 사람이 많다고 내게 굳이 말해 줄 필요는 없다. 내가 바로 그런 사람이었기 때문이다. 나는 핵심을 이해하지 못했다. 그 결과 다른 동기에 쉽게 이끌려 사역할 위험이 높았다. 문제는 내가 핵심을 알지 못했다는 것이다.

사역 초창기에는 하나님이 실제로 나를 사역자로 부르셨는지 의심한 적이 얼마나 많았는지 모른다. 부끄럽지만 사역을 포기하고 싶었던 때가 참으로 많았다. 내가 특이할 정도로 완고한 교인을 만났다고 생각했고, 나보다 잘하는 것처럼 보이는 다른 사역자들을 시샘했으며, 다른 직업을 찾을까도 고민했다. 괴로워하며 불평할 때가 많았고, 무기력함과 부족함을 느꼈다. 무엇인가가 잘못되었거나 결여되었다는 생각이 들었지만, 그것이 무엇인지 도무지 알 길이 없었다.

그러던 어느 날, 지혜롭고 사랑이 많으신 하나님의 주권적인 은혜로 우연히 시편 145편을 읽게 되었다. 그 말씀은 내 삶을 새롭게 바꾸어놓았다. 절대로 과장이 아니다. 그 말씀은 나는 물론, 내 사역과 관련된 모든 것을 송두리째 변화시켰다. 나는 그 후로 지금까지 그렇게 변화된 상태로 살아오고 있다. 물론 내 싸움이 모두 끝났다고 말할 수 있으면 좋으련만 그렇지는 않다. 단지 좀 더 헌신적이고, 좀 더 많은 깨달음을 얻은 사역자가 되었을 뿐이다. 나는 시편 145편을 통해 내가 간절히 바라던 것, 곧 사역의 핵심을 이해하게 되었다.

마침내 사역의 핵심을 깨닫다

¹왕이신 나의 하나님이여 내가 주를 높이고 영원히 주의 이름을 송축하리이다 ²내가 날마다 주를 송축하며 영원히 주의 이름을 송축하리이다 ³여호와는 위대하시니 크게 찬양할 것이라 그의 위대하심을 측량하지 못하리로다 ⁴대대로 주께서 행하시는 일을 크게 찬양하며 주의 능한 일을 선포하리로다 ⁵주의 존귀하고 영광스러운 위엄과 주의 기이한 일들을 나는 작은 소리로 읊조리리이다 ⁶사람들은 주의 두려운 일의 권능을 말할 것이요 나도 주의 위대하심을 선포하리이다 ⁷그들이 주의 크신 은혜를 기념하여 말하며 주의 의를 노래하리이다 ⁸여호와는 은혜로우시며 긍휼이 많으시며 노하기를 더디 하시며 인자하심이 크시도다 ⁹여호와께서는 모든 것을 선대하시며 그 지으신 모든 것에 긍휼을 베푸시는도다 ¹⁰여호와여 주께서 지으신 모든 것들이 주께 감사하며 주의 성도들이 주를 송축하리이다 ¹¹그들이 주의 나라의 영광을 말하며 주의 업적을 일러서 ¹²주의 업적과 주의 나라의 위엄 있는 영광을 인생들에게 알게 하리이다 ¹³주의 나라는 영원한 나라이니 주의 통치는 대대에 이르리이다 ¹⁴여호와께서는 모든 넘어지는 자들을 붙드시며 비굴한 자들을 일으키시는도다 ¹⁵모든 사람의 눈이 주를 앙망하오니 주는 때를 따라 그들에게 먹을 것을 주시며 ¹⁶손을 펴사 모든 생물의 소원을 만족하게 하시나이다 ¹⁷여호와께서는 그 모든 행위에 의로우시며

그 모든 일에 은혜로우시도다 [18]여호와께서는 자기에게 간구하는 모든 자 곧 진실하게 간구하는 모든 자에게 가까이 하시는도다 [19]그는 자기를 경외하는 자들의 소원을 이루시며 또 그들의 부르짖음을 들으사 구원하시리로다 [20]여호와께서 자기를 사랑하는 자들은 다 보호하시고 악인들은 다 멸하시리로다 [21]내 입이 여호와의 영예를 말하며 모든 육체가 그의 거룩하신 이름을 영원히 송축할지로다(시 145:1-21).

내게 절실히 필요하지만 깨닫지 못한 것이 모두 이 말씀에 들어 있다. 이 말씀은 생각과 통찰력과 이해의 문을 열어준다. 그러나 내게는 그보다 더 깊은 의미가 있었다. 나는 나 자신에게서 구원받기 시작했다. 이 말이 무슨 뜻인지 궁금할 것이다. 설명하자면 이렇다. 그 전에도 나는 시편 145편을 여러 번 읽었다. 그런데 이번에는 전에 미처 보지 못한 한 구절이 내 뇌리를 세게 강타했다. 나는 그 구절이 이 시편의 핵심이라고 생각한다. 그것은 이 시편의 핵심 주제는 물론 사역과 삶의 본질을 깨우쳐주는 열쇠다. 나는 이 시편이 내 사역을 올바른 길로 이끌어줄 것이라는 생각이 들었다. 좀 더 정확히 말하면, 하나님이 내게 은혜를 베풀어주신 것이다. 내게 그 한 구절의 말씀을 주셔서 정말 감사하다. 이 말씀을 도구 삼아 하나님은 내 생각대로 사역을 행해 오던 나를 구원해 주셨다.

[4]대대로 주께서 행하시는 일을 크게 찬양하며(4절).

정확히 내게 필요한 말씀이었다. 이 구절을 읽자마자 무슨 사역을 하든지 이 목적을 지향해야 한다는 마음이 들었다. 예배를 드릴 때나 어린아이들을 가르칠 때나 소그룹을 인도할 때나 설교를 전할 때나 내가 지향해야 할 목적은 교인들 앞에서 항상 하나님이 행하시는 사역의 경이로운 영광을 드러내는 것이다. 무슨 사역을 하든지 하나님의 백성에게 그분을 경외하는 마음을 불러일으키는 것이 하나님의 뜻이다. 그것이 반복되어야 한다. 왜 그래야 할까? 우리가 경외심을 아주 쉽게 잊기 때문이다. 우리는 "이미"(그리스도의 구원 사역이 완성되어 진행 중인 때)와 "아직"(하나님의 구원 사역이 최종적으로 완성되는 때)의 사이에 살고 있다. 이 시기에는 경외심을 둘러싼 큰 싸움이 진행되고 있다. 그렇기 때문에 이 시대 사역자들은 다음 세대에게 하나님을 경외하는 마음을 일깨워주어야 한다.

경외심의 문제는 굳이 멀리서 찾지 않아도 된다. 이 문제는 우리 주변 어디에서나 쉽게 발견할 수 있다. **간음**은 경외심의 문제다. 하나님이 우리 육체를 지으신 창조주이시며 우리 육체와 감정, 정신과 영혼을 지배하는 소유자시라는 사실을 잊으면, 마음의 정욕이 원하는 쾌락을 얻는 데 몸의 지체를 사용하기 쉽다. **빚을 지는 것**도 경외심과 관련되어 있다. 우리가 가진 모든 것을 하나님이 제공하셨으며 모든 선한 선물이 그분에게서 비롯한다는 것을 잊지 않는다면, 선한 청지기가 되어 그분이 제공하신 것을 잘 관리하려는 마음을 품을 것이다. **재물을 쌓는 것**에만 집착하는 것도 경외심의 문제에 해당한다. 하나님을 경외하는 마음을 잊으면, 우리 마음이 갈망하는 것을 만족시킬 수 있는 유일한 존재이신 영광의 하나님에게서만 얻을 수 있는 것을 물질을 통해 얻으려고 할 수밖에 없다. **권력과 통제력**을 추구하는 것도 경외심의 문제다.

늘 하나님의 권능과 권위와 주권을 기억해서 안식과 평화를 누린다면 다른 사람과 상황을 굳이 스스로 통제하려고 애쓸 필요가 없다. **폭식과 비만**도 예외가 아니다. 우리를 만족하게 하시는 구원자의 영광스런 은혜를 잊으면 음식과 음료 같은 것에서 일시적인 위안을 찾으려고 애쓰기 쉽다. **사람을 두려워하는 것**도 마찬가지다. 하나님이 지극히 영광스러운 분이며, 그분의 자녀로서 내가 어떤 사람이 되어야 할지를 잊으면 다른 사람들을 통해 의미와 목적과 정체성을 찾으려고 할 수밖에 없다. 이처럼 경외심 쟁탈전은 곳곳에서 일어나고 있다.

따라서 내 사역은 경외심을 잊었거나 아예 느끼지 못하는 사람들, 잘못된 경외심에 속거나 잘못된 경외심을 추구하다 지치고 실망한 사람들, 잘못된 경외심에 미혹되는 사람들에게 말씀을 전하고 그들을 가르치며 권고하는 일에 초점을 맞추어야 한다. 그런 사람들에게 하나님의 경이로운 영광, 곧 그분의 영광스런 은혜와 지혜, 권능, 신실하심, 주권, 인내, 긍휼, 인자, 사랑을 볼 수 있는 눈을 열어주는 것이 내 임무다. 또한 나는 이 영광을 청중의 일상적인 경험과 연결시켜 그들의 마음과 삶이 변화되도록 이끌어야 한다. **어떤 사역을 행하든 어떤 성경 구절을 가르치든, 나는 항상 경외심을 일깨우는 데 초점을 맞춰야 한다.**

경외심을 일깨우지 못하는 예배는 무엇인가 잘못된 것이다. 경외심을 일깨우지 못하는 성경 해석도 결함이 있다. 경외심을 일깨우지 못하는 신학 교육이나 성경 지식도 잘못된 것이기는 마찬가지다. 하나님을 경외하는 마음을 불러일으키지 못하는 개인적인 영적 훈련도 예외가 아니다. 어떤 종류의 사역이든 모두 이 목표를 지향해야 한다. 이 사실을 이해하는 순간, 내 사역 방향은 완전히 달라졌고 지금까지도 그렇게 나아가고 있다.

우리는 경외심을 갈망하는 사람들, 경외심을 잃어버린 사람들, 경외심을 되찾길 바라는 사람들을 섬긴다. 사람들은 하나님을 경외하며 살아야 할 뿐 아니라 그 경외심을 후대에 물려주어야 한다. 예를 들어 이것은 부모가 해야 할 일이다. 하나님은 부모가 자녀에게 하나님을 예배하는 경외심을 일깨워주기를 바라신다. 부모들조차 하나님이 자신과 자녀들을 창조하신 분이라는 사실을 잊고 경외하지 않는다면, 자녀들에게 그분이 베푸시는 구원의 은혜와 삶을 인도하는 성경의 명령을 진지하게 받아들이는 마음을 일깨우기 어렵다. 부모의 소명은 단지 규칙을 가르치고 시행하며, 징벌을 가하는 정도에 그치지 않는다. 부모는 자신에게 주어진 권위를 이용해 자녀들의 눈을 열어 하나님의 놀라운 임재와 권능, 권위와 은혜를 볼 수 있게 해야 한다. 자녀들이 하나님의 영광을 강력하게 의식한다면, 그분의 은혜를 갈망하고 그분의 뜻에 기꺼이 복종하려는 마음을 품게 될 것이다.

이 점에서 "주기도"는 우리가 따라야 할 본보기다. 예수님이 가르치신 기도는 "필요를 구하는 기도"이기 전에 "경외심을 위한 기도"다. "하늘에 계신 우리 아버지여"부터 "땅에서도 이루어지이다"에 해당하는 주기도의 전반부는 하나님을 경외하는 마음으로 생각하고 살아가며 그분을 섬기는 법을 가르친다. 하나님을 경외하는 마음이 먼저 있어야만 우리에게 실제로 무엇이 필요한지 정확하게 이해할 수 있다.

우리가 드리는 기도는 구입해야 할 식료품 목록을 적는 것처럼 그저 삶을 좀 더 편안하게 만들려는 사사로운 욕구를 늘어놓은 것일 때가 많다. 그런 기도는 하나님을 거룩하고 지혜로우신 왕이자 아버지가 아니라 우리의 심부름꾼으로 전락시킨다. 하나님의 영광과는 상관없이 피조물의 영광을 좀 더 많이 경험하겠다는 욕망을 드러낼 뿐이다. 그런 기도에는 두려움, 공경하는 마음, 경이로움, 숭배하는 마음이 결여되어 있다. 무릎을 꿇고 찬양과 경배를 드리기보다 필요한 요구 사항만 잔뜩 늘어놓는 것에 지나지 않는다. 그런 기도는 기도의 대상이신 구원자 하나님을 두려워하는 마음으로 경외하는 데서 만족을 얻기보다 우리 자신을 경외하며 즐겁게 하기 위한 목적을 수행할 뿐이다.

그리스도께서 가르치신 모범적인 기도는 올바른 순서를 따른다. 주기도는 단순히 개인기도뿐 아니라 사역을 위한 본보기도 제시한다. 하나님을 경외하는 마음을 품어야만 비로소 내 정체성을 바르게 파악할 수 있다. 그리고 내 정체성을 바르게 파악해야만 비로소 진정으로 필요한 것이 무엇인지 이해하고, 더 크고 영광스런 하나님의 계획을 위해 내 계획을 기꺼이 포기할 수 있다. 사역을 통해서 우리는 보지 못하는 눈을 열어 보게 하고, 많은 사람이 갈망하는 영광을 드러내야 할 뿐 아니라 경외심을 느낄 수 있는 능력이 무기력해졌거나 수평적 차원의 경외심에 마음을 빼앗긴 사람들에게 하나님을 경외하는 마음을 일깨워주어야 한다.

경외심은 사역자를 보호한다

앞서 언급한 적이 있지만 매우 중요하기 때문에 한 번 더 강조하는 것이 좋을 것 같다. 우리 마음과 사역의 방향을 이끌어주는 경외심, 곧 하

하나님을 경외하는 마음은 사역을 행할 때 나 자신으로부터 나를 보호해 준다. 인정하기 부끄럽지만 **지금까지 사역을 해오면서 가장 큰 위험은 바로 나 자신이었다.** 익숙해질수록 나는 경외심을 잃어갔다. 사실 하나님의 영광에 익숙해진다는 것은 놀라운 은혜의 선물이다. 하나님의 부르심을 받아 그분을 가까이 모시고, 그분을 생각하고, 그 영광을 조금이나마 다른 사람들에게 전하는 것은 말로 다할 수 없는 특권이다. 그러나 그것은 또한 매우 큰 위험이기도 하다. 내 안에는 하나님을 경외하는 마음이 사라진 자리를 나를 경외하는 마음으로 신속히 대체하려는 성향이 있기 때문이다.

나는 나 자신은 물론 다른 사람들의 삶에서도 이 사실을 거듭 확인했다. 하나님을 경외하는 마음이 자아를 경외하는 마음으로 대체되는 경우에는 자기 자신이 주체가 되어 사역을 행하게 된다. 그러면 사역자는 절대 해서는 안 될 일, 즉 지배적이고, 권위적이며, 방어적이고, 비판적이며, 자기만 옳다고 주장하고, 더 배우려 들지 않으며, 독단적으로 행동하는 따위의 일들을 저지르게 된다. 복음에 합당하지 않은 생각이나 욕망, 행위에 치우치고, 스스로 자신이 섬기는 사람들과 본질적으로 다르다고 생각한다. 자신은 가르칠 뿐 복종해야 할 의무가 없고, 이미 은혜의 학교를 졸업했다고 믿으며, 자신의 죄를 교묘하게 변명하면서 스스로 의로운 척 행동한다. 은혜를 가르치면서도 교역자 모임이나 가정에서 은혜롭지 못한 태도를 취하며, 사역을 기쁨이 아닌 힘든 의무로 여기고, 자신을 반대한다고 생각하는 사람들에게 앙심과 분노를 품으며, 사랑을 전하고 가르치면서도 정작 그 사랑을 실천하지 못하는 위선자가 되고 만다.

이 모든 일이 일어나는 이유는 무엇일까? 대답은 간단하다. 그러나 그 대답을 쉽게 받아들이지는 못할 것이다. 그런 일이 일어나는 것은 우리가 우리 자신에 대한 생각으로만 가득하기 때문이다. 우리는 하나님을 경외하는 마음을 자아를 경외하는 마음으로 대체했다. 그로 인한 폐해는 결코 작지 않다. 그러나 하나님을 경외하는 마음은 우리를 그런 올무에 걸리지 않게 보호한다. 그런 보호를 받으려면 몇 가지를 기억해야 한다.

1. **하나님을 경외하는 마음으로 사역에 임해야 한다.** 사역은 항상 두려움에 영향을 받는다. 하나님을 경외하는 마음이 사역 방향과 동기, 형태에 영향을 끼치지 못하면, 사람에 대한 두려움, 상황에 대한 두려움, 미래에 대한 두려움, 소명을 받지 못했나 싶은 두려움, 가정생활과 목회 사역 사이에서 일어나는 갈등에 대한 두려움, 경제적인 형편에 대한 두려움에 영향을 받게 된다. 하나님을 경외하는 마음이 우리를 사로잡아야 다른 여러 유혹에 이끌려 사역이 휘둘리는 결과를 피할 수 있다.

2. **사역자는 자신을 작고, 연약하고, 부족하게 여겨야 한다.** 나는 신학교에서 공부를 잘했기 때문에 무엇이든 할 수 있다는 굳건한 자신감을 품고 학교를 졸업했다. 나는 교만했고 자기 확신으로 꽉 차 있었다. 내 마음자세는 종이라기보다는 메시아의 그것에 더 가까웠다. 결국 그런 생각이 얼마나 오만한 것인지 깨달아야 했다. 나 자신을 메시아로 생각했지만 내가 섬기는 사람들 가운데 나를 그렇게 생각하는 사람은

아무도 없었다. 자신감이 지나치게 강했던 나는 젊은 목회자가 흔히 저지르는 실수를 모두 저지르고 말았다.

하나님을 경외하는 마음이 있으면 자신이 작게 느껴지기 마련이다. 그것은 좋은 현상이다. 그것이 우리의 참된 실상이기 때문이다. 하나님을 경외하는 마음이 있으면 스스로 사역을 행하기에 부족하다고 느끼게 된다. 그런 마음을 가지면 자신의 부족함을 진정으로 의식하는 건강한 심령을 지녀서 하나님의 지혜와 권능과 은혜를 의지하는 한편, 다른 사람들이 스스럼없이 다가갈 수 있는 겸손하고, 친절하고, 인내심 많고, 열정적이며, 기꺼이 사역에 임하는 사역자가 될 수 있다. 구원자이신 주님과 그분의 십자가의 영광에 매료되면, 그 십자가 앞에 나가 주위 사람들에게 그분을 잘 나타내는 데 필요한 인격과 능력을 구하게 된다. 또한 거드름을 피우지 않고 자신의 부족함을 기꺼이 인정할 뿐 아니라 사람들이 나를 얼마나 존경하느냐가 아니라 그들이 구세주를 얼마나 진실하게 경배하느냐에 관심을 기울이게 된다.

두려움은 오직 두려움으로 정복할 수 있다. 하나님을 경외하는 마음은 수평적 차원의 경외심을 무력화시킨다. 하나님을 경외하는 마음은 사역자를 올바른 위치에 서게 하고, 항상 그곳에 머물게 만든다. 하나님이 어떤 분인지 이해하고 자신이 누구인지를 바르게 평가하면, 겸손과 희망과 용기로 사역에 임할 수 있다.

3. **사역은 단순히 해야 할 의무를 완수하는 것이 아니다.** 큰 그림을 보지 못한 채 사역이 몇 가지 의무를 반복하는 것으로 축소될 가능성은 매우 높다. 매일, 매주, 매달 바쁘게 사역하다 보면 경이로우신 하나님

을 잊기가 쉽다. 사역을 전략적인 계획, 예산안, 리더십 계발, 자산 운영, 주기적인 회의 등으로 축소시키려는 유혹이 항상 도사리고 있다. 우리는 우리가 하고 있는 일들을 왜 하는지 쉽게 잊어버린다.

사람들은 하나님의 영광을 쉽게 잊고 다른 곳에서 영광을 찾으려는 성향이 강하다. 사역자는 그런 사람들에게 하나님의 보이지 않는 영광을 나타내야 하는 고귀한 사명을 부여받았다. 아마 우리가 하고 싶어하는 일 중에 이보다 중요한 일은 없을 것이다. 하나님의 영광에 대한 비전이야말로 우리가 세우는 모든 전략적인 계획의 동기와 추진력이 되어야 한다. 사역 성공이나 교회 성장에 대한 집착이 아닌 하나님의 영광이 재정과 자산 운영과 관련된 결정의 이유가 되어야 한다. 지도자를 육성하는 것도 단지 신학 지식과 목회 기술을 전하는 것이 아니라 하나님을 경외하는 마음을 지니도록 독려하는 데 초점을 맞춰야 한다. 아침에 자리에서 일어났을 때 하나님의 경이로운 영광을 기뻐하기보다 처리해야 할 사역의 의무를 먼저 떠올리는 사역자는 심각한 문제를 안고 있는 것이다.

4. 사역을 둘러싼 영적 싸움은 모두 경외심과 관련되어 있다. 사역 현장에서 진행되는 싸움은 시간, 재정, 리더십, 전략과 관련된 싸움이 아니다. 그것은 경외심의 싸움이다. 사람을 두려워하는 탓에 소심하고 타협적인 태도를 취하는 사역자가 매우 많다. 사람을 두려워하는 것은 곧 경외심의 문제다. 교회 재정에 관한 불안감 때문에 밤잠을 설치는 것도 경외심의 문제이고, 교회를 위한 사역자 자신의 계획에 지나치게 지배되고 통제되는 것도 경외심의 문제이며, 사람들의 반응과 시선을 지

나치게 의식하는 것도 경외심의 문제이기는 마찬가지다. 평범한 수준의 사역에 안주하는 것이나 사역을 지나치게 통제하고 지배하려 드는 것, 방어적인 자세로 자기 의를 내세우는 것, 사람들이 알까 봐 두려워 고립되어 사는 것, 자신이 신학적으로 항상 옳다고 믿고 교만하게 처신하는 것 모두 경외심의 문제다. 오직 하나님을 경외하는 마음만이 모든 성공적인 사역의 특징인 겸손과 담대함의 균형을 유지시켜줄 수 있다.

5. **하나님을 경외하는 마음이 있어야만 사역의 성공과 어려움을 정확하게 파악할 수 있다.** 사역에 뒤따르는 불가피한 어려움을 하나님의 주권, 은혜, 지혜, 권능, 신실하심, 긍휼, 사랑을 통해 바라봐야만 비로소 사역을 정확하게 이해할 수 있다. 사역에 뒤따르는 어려움의 강도를 자신의 제한된 지혜와 의와 능력에 비춰 판단하는 것은 하나님을 경외하는 마음을 망각했기 때문이다. 모든 사역은 "나를 보내신 하나님, 곧 말할 수 없이 영광스러운 하나님은 나와 함께 가지 않으신 채 나만 홀로 보내서서 자신의 일을 하라고 요구하지 않으신다"라는 현실에 근거한다. 나는 어떤 사역을 하는 순간에도 결코 혼자가 아니다. 하나님은 나를 영적 전쟁터에 홀로 남겨두지 않으신다.

6. **사역자의 삶의 방식은 그가 어떤 경외심에 사로잡혀 있는지를 여실히 드러낸다.** 사역자의 사역은 지식이나 경험, 기술이 아닌 마음 상태에 따라 결정된다. 그렇기 때문에 결국 모든 사역은 사역자의 마음을 고스란히 드러낸다. 가정생활과 목회 사역 사이에서 갈등을 느끼는 이유는 내 마음이 하나님이 아닌 사역의 성공을 경외해서다. 그래서 내가

일중독자가 되어 사역에만 골몰하는 것이다. 가정생활과 목회 사역 둘 중 하나를 선택해야 할 때 항상 사역으로 기우는 것이 곧 내 마음 상태다. 내 마음이 권력을 경외하는 마음에 사로잡혔을 때는 지배적이고 통제적인 태도를 취하게 마련이고, 다른 사람들에게 인정을 받으려는 마음이 클 때는 하나님이 굳세게 버티라고 말씀하시는 곳에서 타협적인 태도를 취하게 마련이다. 이렇듯 사역은 항상 우리 마음이 무엇을 경외하는지에 따라 결정된다. 하나님과 그분의 거룩하신 영광에 대한 경외심이 우리 마음을 지배해야 사역 역시 비로소 안전하고 순수하게 유지될 수 있다.

7. 모든 사역자의 삶에는 "익숙함"이라는 크고 위험한 싸움이 도사리고 있다. 익숙함은 우리 눈을 가리고 감각을 둔하게 만든다. 전에는 경이롭게 여겨지던 것이 이제는 더 이상 우리 관심을 사로잡지 못한다. 이것은 복음 사역에 뒤따르는 큰 위험이다. 따라서 겸손한 태도로 늘 깨어 경계하는 것이 필요하다. 날마다 마음의 눈으로 하나님의 놀라운 영광과 삶을 변화시키는 은혜를 바라보는 것으로 하루를 시작해야 한다. 익숙함에 젖어 하나님의 거룩한 영광을 속된 사역으로 대체해서는 안 된다.

사역자는 날마다 경외심의 싸움에 직면한다. 그러나 우리는 혼자가 아니다. 우리가 섬기는 은혜의 하나님은 과거와 미래만이 아니라 현재에도 여전히 은혜의 하나님이다. 하나님의 은혜는 우리 힘으로는 할 수 없는 일을 가능하게 한다. 즉 우리를 우리 자신에게서 구원한다. 그분의 은혜는 둔감하고 변덕스런 감정에서 우리를 보호하고, 우리의 닫힌 눈을 열어주며, 방황하는 마음을 사로잡는다. 지금 이곳에서 우리에게 주어지는 하나님의 은혜를 간절히 사모하는 열정이 있을 때, 모든 사역을 위한 참된 희망을 발견할 수 있다.

대체의 원리는 헛된 거짓말에 속도록 우리를 유도한다.
강력하고 사악한 이 거짓말은 과연 무엇일까?
바로 창조주 아닌 다른 곳에서 생명을 발견할 수 있다는 신념,
피조물 가운데서 참된 영적 평화와 안식, 만족과 기쁨을
발견할 수 있다는 희망이다.

CHAPTER 4

잘못된 대상을 경외하다

이 세상은 경이로운 것이 없어서가 아니라
경이로움을 잃은 탓에 고통당할 것이다.
_G. K. 체스터턴[3]

그런 일은 있을 수 없다. 인간적으로 불가능하다. 그것은 우리의 창조된 본성에 어긋난다. 무엇을 말하는 것일까? 바로 "경외심이 없는 상태"다. 인간은 절대로 경외심 없이는 살아갈 수 없다.

나는 막 할아버지가 되었다. 얼마 전에 다섯 달 된 손녀를 안고, 그 어린 생명과 경이로움에 관해 생각한 적이 있다. 요즘 손녀가 사로잡혀 있는 경이로움은 자신의 발가락이다. 손녀는 발을 구부려 손으로 발가락을 붙잡아 입속에 넣고서 그것이 무엇인지 궁금해한다. 앞으로 손녀의 관심을 끄는 것은 무엇이든 그런 과정을 거칠 것이다. 경이로움을 의식하는 손녀의 능력이 그 아이의 생각과 욕망, 선택과 결정, 말과 행동에 영향을 끼치게 될 날이 머지않았다. 아마도 손녀는 다음과 같은 표현들을 사용해 경외심을 드러낼 것이 틀림없다.

"정말 놀라워!"

"그 사람이 그런 일을 했다니 믿기지가 않아!"

"내게 ……이 있다면 ……할 텐데."

"나는 늘 그 일을 꿈꿔왔어."

"내게 ……만 해주면 행복할 거야."

"앞으로 자라면 ……를 하고 싶어."

"내가 항상 원하던 것을 그 사람이 가졌다니, 믿을 수가 없어!"

"정말 멋져! 한시도 그 생각을 떨칠 수가 없어."

"당장 그 일을 경험하고 싶어!"

모든 사람이 이런 표현을 사용한다. 누구나 내 손녀처럼 경외심을 간절히 갈망하기 때문이다. 그러나 이러한 표현들은 삶을 형성하는 깊은 영적 원리, 곧 우리 삶에 많은 영향을 끼치지만 종종 간과되는 원리를 드러낸다. 다름 아닌 "대체의 원리"다. 모든 죄인은 창조주를 경외하는 마음을 피조물을 경외하는 마음으로 신속히 대체하는 성향이 있다. 바울 사도는 로마서 1장에서 죄의 본질과 구원 은혜의 필요성을 논하면서 이렇게 말했다. "이는 그들이 하나님의 진리를 거짓 것으로 바꾸어 피조물을 조물주보다 더 경배하고 섬김이라 주는 곧 영원히 찬송할 이시로다 아멘"(25절).

여기에는 영적 역학 관계가 여실히 드러나 있다. 대체의 원리는 헛된 거짓말에 속도록 우리를 유도한다. 거짓말 중의 거짓말, 곧 에덴동산에서 처음 발설된 거짓말이다. 이 거짓말은 셀 수 없이 많은 사람의 삶을 파괴하고, 비현실적인 기대감과 실망, 분노와 절망으로 그들을 짓뭉갠다. 이것은 죽음으로 인도하는 거짓말이다. 강력하고 사악한 이 거짓말은 과연 무엇일까? 바로 창조주 아닌 다른 곳에서 생명을 발견할 수 있다는 신념, 피조물 가운데서 참된 영적 평화와 안식, 만족과 기쁨을 발견할 수 있다는 희망이다. 아담과 하와는 그 거짓말을 믿고 의도적으로 하나님의 지위와 명령에 반기를 들었다. 성경에는 이 거짓말을 믿는 데서 비롯된 불순종, 폭력, 우상 숭배, 탐욕, 시기, 기만, 도둑질, 살인에 관한 슬픈 증언이 가득하다.

인간은 마음을 사로잡아 삶을 변화시키는 경외심, 곧 하나님을 경외하는 마음으로 살도록 창조되었다. 따라서 하나님을 경외하는 마음이 다른 것을 경외하는 마음으로 대체되면 결코 좋은 결과를 기대할 수 없다. 그것은 우리에게 인격적으로 해로운 영향을 끼친다. 우리가 단지 창조주 하나님의 자리에 피조물을 올려놓는 것에서 그치지 않기 때문이다. 우리 마음 깊은 곳에서는 늘 하나님을 경외하는 마음을 자아를 경외하는 마음으로 대체하려 한다.

에덴동산에서 유혹을 받은 아담과 하와를 생각해 보라. 무엇이 유혹의 미끼였는가? 과즙이 풍부해 보이는 탐스럽고 향기로운 금단의 열매가 아니었다. 그 미끼는 창세기 3장 5-6절에 나타나 있다.

[5]너희가 그것을 먹는 날에는 너희 눈이 밝아져 하나님과 같이 되어 선악을 알 줄 하나님이 아심이니라 [6]여자가 그 나무를 본즉 먹음직도 하고 보암직도 하고 지혜롭게 할 만큼 탐스럽기도 한 나무인지라 여자가 그 열매를 따먹고.

금단의 열매는 먹음직스러운 데다가 보기에도 좋았다. 그러나 뱀이 유혹하여 하와가 원하게 된 것은 단순히 금지된 음식을 먹는 것과는 근본적으로 달랐다. 뱀이 하나님의 피조물인 하와에게 제시한 것은 하와가 창조주의 위치에 올라서서 그분을 의존하지 않고도 스스로 지혜를 가질 수 있고, 오직 그분께만 속하는 영광을 알고 경험할 수 있다는 거짓 희망이었다. **아담과 하와는 단순히 하나님이 금지하신 열매를 원한 것이 아니라 하나님처럼 되고 싶어했다.**

이것은 우리 모두에게서 발견되는 죄다. 의식하지 못할 때가 많지만 죄는 마음 깊은 곳에서 하나님께 대한 예배를 자아에 대한 예배로 대체하라고 부추긴다. 복종하기보다 스스로 주도권을 행사하도록 독려하고, 감사하기보다 더 많은 것을 원하도록 이끌며, 하나님을 믿기보다 자아를 의지하도록 충동한다. 위에 계신 하나님을 기뻐하기보다 다른 사람을 시기하게 만들며, 하나님의 주권을 믿고 안식하기보다 개인적인 통제력을 확보하도록 유도한다. 한마디로 죄는 "우리 자신의 영광"을 위해 살고, "우리의 주도권"을 확립하며, 다른 사람들을 이용해 "우리의 목적"을 달성하라고 종용한다.

우리는 우리 길을 방해하는 것은 무엇이든 증오한다. 기다리는 것을 싫어하고, 원하는 것을 갖지 못하면 화를 낸다. 다른 사람이 우리에게 잘못을 저질렀다고 생각되면 보복을 가한다. 우리는 최선을 다해 욕망을 채우려고 애쓴다. 마땅히 우리가 차지해야 할 것을 다른 사람이 차지했다는 생각이 들면 극렬한 시기심을 드러내고, 자신이 무시당했다는 생각이 들 때는 몹시 언짢아한다. 힘든 일은 무엇이든 다 싫어하고, 다른 사람들을 우리에게 이로운 수단으로 사용하기를 좋아하며, 권력과 통제력을 휘두를 수 있는 자리에 올라서려고 힘쓰고, 늘 가장 좋은 것을 차지하려고 애쓴다. 섬기기보다 섬김 받으려 하고, 주기보다 받으려 한다. 먼저 되기를 좋아하고 나중 되기를 싫어하며, 주목받고 인정받고 공평한 것을 따지는 것에 지나치게 많은 관심을 기울인다. 다른 사람들을 용서하기보다 우리에게 잘못을 저지른 사람들을 비난하기를 좋아하며, 삶이 항상 편안하고 만족스럽고 예측할 수 있는 상태이기를 원한다. 우리가 이런 성향들을 지니고 있는 이유는 우리 자신에 대한 생각으로만 가득해 하나님보다 자아를 더 경외해서다. 바울은 "그가 모든 사람을 대신하여 죽으심은 살아 있는 자들로 하여금 다시는 그들 자신을 위하여 살지 않고"(고후 5:15)라는 말씀으로 이 가르침을 깨우쳐주려 했다. 우리는 모두 죄 때문에 더 이상 하나님을 위해 살지 않고 우리 자신을 위해 살게 되었다.

인간 사회에서 일어나는 수많은 문제의 원인은 단 하나다. 바로 "경외심"이다. 하나님께 대한 수직적 차원의 경외심이 자아에 대한 경외심으로 대체되는 순간, 수평적 차원인 인간 사회 안에서 온갖 악이 싹트기 시작한다.

잘못된 대상을 경외할 때, 인간은 불안을 겪는다

대체 불안은 우리 주위에서 날마다 온갖 형태로 나타난다. 가만히 귀를 기울여보면 이 타락한 세상에서 살아가는 죄인들은 주로 불평하며 지낸다는 것을 알 수 있다. 내가 중심에 서서 권리를 누려야 마땅하다고 생각하고 마음이 욕망에 지배되는 경우에는 불평할 것이 많을 수밖에 없다. 우리는 감사보다 불평을 더 많이 하고, 찬양보다 원망을 더 많이 한다. 우리에게 이미 주어진 것보다는 우리가 원하는 것을 더 많이 말한다. 우리는 내가 가진 것과 다른 사람이 가진 것을 비교하며 쉽게 만족하지 못할 때가 많다. 사람들의 말을 유심히 들어보면 감사하는 말보다는 불평하는 말이 훨씬 많다. 그것은 단지 불평의 문제가 아니라 경외심의 문제다. 개인적인 불만과 불평의 근본 원인은 경외심에 있다. 자아를 경외하는 마음이 하나님을 경외하는 마음을 대체하는 순간, 찬양은 급격히 줄어들고 불평은 급격히 늘어난다.

인간이 겪는 모든 시련의 배후에는 경외심의 문제가 도사리고 있다.

짐은 **실망했다**. 그는 오랫동안 승진을 위해 일했다. 해야 할 일을 다 했고, 알아야 할 사람들과도 모두 친분을 쌓았으며, 모든 것을 완벽하게 처리했다. 그러나 승진은 다른 사람 몫으로 돌아갔다. 크게 실망한 그는 직장을 그만둘 생각뿐이었다. 회사가 자신을 그런 식으로 대우하도록 놔두고 싶지 않았다. 그 후 18개월 동안 그는 아무 일도 하지 않았다. 지금도 어떻게 해야 할지 모르고 있다.

제니스는 **심한 상처를 받았다**. 그녀에게는 수라는 충실한 친구가 하나 있었다. 그녀는 수를 많이 도와주었고, 자신들이 친자매처럼 친밀하다고 생각했다. 무남독녀인 그녀는 친자매나 다름없는 친구를 사귀게 된 것이 무척이나 기뻤다. 둘이서 영원히 절친한 친구로 지낼 것이라는 생각에 미소를 지었다. 그러던 어느 날 수가 이사를 갈 것이라고 말했다. 이미 6개월 전에 계획한 일이었지만 그동안 제니스에게 입을 열지 않았던 것이다. 그 사실을 알게 된 제니스는 혼자 집 안에 틀어박혔다. 몹시 충격이 큰 나머지 누구도 만나지 않았다. 그로부터 10년이 흘렀지만 그녀는 아직도 수가 왜 그랬는지 이해하지 못하고 있다.

조지는 주먹으로 마구 벽을 치고 싶을 만큼 몹시 **화가 났다**. 자신을 무시한 사람은 누구라도 용서할 수가 없었다. 게다가 상대는 다름 아닌 그의 아들이었다. 조지는 아들이 집에 돌아오길 기다렸다. 아들에게 자신을 무시한 대가를 톡톡히 치르게 할 생각이었다. 그는 "나의 가문, 나의 규칙, 나의 명예"를 수없이 뇌까리며 아들이 돌아오길 기다렸다.

케일렙은 "내가 오늘 죽어도 아무도 모를 거야"라고 푸념했다. 그는 너무나도 외롭고 **우울한** 나머지 죽고 싶은 마음뿐이었다. "내게는 왜 좋은 일이 하나도 없을까? 전에 함께 어울리던 친구들은 모두 어디로 갔지? 도대체 이게 뭐야? 나이 마흔둘에 별 볼일 없는 직업과 늙은 부모뿐이라니, 인생 한번 참 멋지군! 아침에 눈을 뜰 때마다 살아야 할 이유를 찾을 수가 없어. 숨을 딱 멈추고 죽고 싶이."

헥터는 자신이 많은 것을 바라는 것이 아니라고 생각했다. "이번만큼은 내 삶이 좀 편안하고 예측할 수 있으면 좋겠어. 그렇게만 된다면 만족할 텐데"라고 중얼거렸다. 그러나 그는 깊이 **좌절했다**. 등에 표적이라도 붙어 있는 것만 같았다. 그는 매번 한 걸음 내디딜 때마다 뒤로 세 걸음 물러나야 했다. 절망감에 사로잡힌 그는 "더는 이런 상황을 견딜 수 없어. 나는 제대로 된 삶을 살고 싶어"라고 울부짖었다.

에밀리는 친구 젠과 함께 놀러나가기를 좋아했다. 그러나 그러기가 차츰 어려워졌다. 둘 다 동시에 결혼했기 때문이다. 사실, 그들은 공동결혼식을 올릴 계획을 세우기도 했었다. 함께 만날 때면 젠은 결혼생활이 참으로 행복하다고 말했다. 그러나 에밀리의 결혼생활은 그녀가 원하던 만큼 행복하지가 못했다. 에밀리는 **시기심**을 주체할 수가 없었다. '왜 젠만 꿈같은 삶을 사는 거지?' 에밀리는 이런저런 핑계를 내세워 젠을 피하기 시작했다. 그녀는 모든 것이 공평하지 못하다는 생각이 들었다.

댄은 그들 무리에 끼고 싶었다. 그도 고등학교의 멋진 운동선수들과 어울리며 가는 곳마다 사람들의 관심을 받고 싶었다. 그는 자신을 대하는 그들의 태도에 지나치게 민감했다. 그러나 그들이 그 사실을 알고 있다는 것은 깨닫지 못했다. 그들의 태도에 따라 댄의 하루는 멋진 날이 되기도 하고 불행한 날이 되기도 했다. 그는 자신을 아예 받아주지 않을까 봐 **두려웠다**. 그들과 어울리려고 할 때마다 늘 초조하고 불안했고, 그 때문에 종종 바보 같은 짓을 저질러 당혹스러워해야 했다. 그들이 받아주는 데 관심을 기울일수록 그가 원하는 것은 점점 멀어져 갔다.

존은 철저히 **혼자였다**. 아무도 믿지 않았고, 아무에게도 자신의 연약함을 내비치지 않았다. 그는 자신의 약점을 이용할 틈을 누구에게도 내주지 않았다. 과거에는 화를 낸 적이 많았지만 이제 그런 일은 두 번 다시 일어나지 않을 것이었다. 그는 늘 잔뜩 경계하는 마음으로 살았다. 무반응의 기술을 터득했으며, 누구도 침투할 수 없는 감정의 벽을 쌓아 그 뒤에 머물렀다. 어디에도 참여하지 않고 누구와도 어울리지 않았다. 그것이 그가 원한 삶의 방식이다. 그의 인생에는 그 자신 외에 그 누구도 필요하지 않았다.

리즈는 암흑 같은 **절망**에 휩싸였다. 어디를 돌아봐도 살아갈 길이 막막했다. 그녀는 다양한 활동과 모임에 참여했지만 돌아오는 것은 행복보다 불행이 많았다. 아무것도 하고 싶지 않았다. 매일 아침 직장에 나가기 위해 할 수 없이 억지로 잠자리에서 일어났다. 교회에 나가지 않은 지도 오래되었다. 그녀는 "그곳에 삶이 있을지 몰라도 나는 그것을 놓치고 말았어. 이제는 너무 지쳤어. 아무것도 생각하고 싶지 않아"라고 거듭 중얼거렸다.

릭은 분노에 사로잡혀 보복을 결심했다. 그의 마음에는 **복수심**이 가득했다. 그는 정의보다 중요한 것은 없다고 생각하고, 크든 작든 상관없이 그릇된 것을 바로잡기로 결심했다. 정의와 관련된 문제는 누구도 의지하지 말고 스스로 해결해야 한다고 주장했다. 그리고 자신도 그렇게 할 작정이었다.

다양한 문제, 하나의 원인

앞서 소개한 이야기들을 처음 읽으면 서로 매우 다른 것처럼 보인다. 그러나 세부 내용은 다를지 몰라도 그들에게 시련을 가져온 근본 원인은 같다. 그들의 고민은 사람이나 상황, 삶의 위치와 전혀 상관이 없다.

사람과 상황, 삶의 위치에 대한 실망감이 그들의 감정을 자극하는 이유는 그들 모두 그보다 깊은 문제로 고통 받고 있어서다. 즉 경외심의 문제다. 그들이 겪는 시련을 몇 가지 원리로 요약하면 다음과 같다.

1. 우리의 감정 상태는 우리가 깊이 경외하고 있는 것을 보여주는 창문이다. 우리의 감정 상태는 항상 마음속에 있는 진정한 생각과 동기, 바람과 갈망, 희망과 꿈을 드러낸다. 따라서 감정의 기복, 기쁨과 슬픔은 우리의 경외심을 사로잡고 있는 것과 밀접한 관계가 있다. 풍요로운 삶을 경외하며 산다면, 경제적으로 성공했을 때는 행복하고 손해를 봤을 때는 불행할 것이다. 피조물에 대한 경외심보다 더 큰 경외심이 우리 마음을 지배해야만 비로소 감정의 롤러코스터에서 벗어나 지속적으로 평화와 안식을 누릴 수 있다. 앞 이야기들은 이 점을 분명하게 보여준다.

2. 하나님을 경외하는 마음을 망각하면 어김없이 다른 것을 경외하게 된다. 앞서 소개한 짧은 이야기들은 모두 이번 장 주제인 "대체의 원리"를 잘 보여준다. 그 이야기들에서는 어떤 식으로든 하나님을 경외하는 마음이 다른 것을 경외하는 마음으로 대체되었다. 그들은 하나님 아닌 다른 것에서 마음의 기쁨과 만족을 얻으려고 애썼다. 문제는 그들이 그 사실을 몰랐다는 것이다. 개념적인 신학 지식이나 형식적인 고백 차원에서는 그런 깨달음에 이르기 어렵다. 그들은 하나님을 삶의 중심에 올려놓는 경외심의 신학을 알고 있었는지도 모른다. 그러나 평일에는 마치 그분이 존재하시지 않는 것처럼 피조물에 대한 경험에서 경이로움을 얻길 바라며 하루하루 살아갔다. 그러면서 그들은 상처받고, 분노하고,

시기하고, 절망했다. 그들이 원하는 대로 삶이 돌아가지 않았기 때문이 아니라 잘못된 대상을 경외했기 때문이다. 그것이 그들의 삶을 더 절망적이고 실망스러운 현실로 만들어버렸다.

3. 우리는 수직적 차원의 경외심을 수평적 차원의 중독으로 대체했다. 단언하건대 우리는 생각보다 자주 참된 예배를 강박으로 대체한다. 하나님의 불변하심과 놀라우신 영광에 매료되어 그분을 경외하며 산다면, 매일 긴장하며 살지 않아도 된다. 수직적 차원의 경외심은 마음과 영혼을 편안하게 해주고, 만족과 충족감을 가져다준다.

수평적 차원의 경외심은 강박적이고 중독성이 강하다. 오직 하나님만이 주실 수 있는 것을 피조물은 줄 수 없기 때문이다. 피조물이 주는 만족은 일시적이다. 그렇기 때문에 우리가 그런 만족에 계속 집착하는 것이다. 우리는 번번이 일시적인 만족에 집착하며 항상 그것을 추구하려고 애쓴다. 피조물은 우리를 진정으로 만족시킬 수 없다. 그래서 우리는 우리가 원하는 경외심을 채워줄 만한 다른 것을 계속 찾아 헤맨다. 창조된 물질세계는 우리를 구원할 수 없기 때문에 지속적인 마음의 안식을 줄 수 없다. 이미 살펴본 대로 앞서 소개한 이야기들 가운데 마음의 안식을 얻었다는 내용은 어디에도 없다.

4. 우리는 하나님을 경외하는 마음을 자아를 경외하는 마음으로 대체하는 성향이 강하다. 수직적 차원의 경외심을 망각하면 항상 자아를 중심에 올려놓는 결과를 낳게 된다. 우리의 자아가 삶의 중심이 되는 것이다. 하나님을 경외한다는 것은 우리 자신의 작은 이야기보다 더 위대

한 이야기가 존재한다는 것을 의식하고 살아가는 것이다. 하나님을 경외한다는 것은 우리 자신의 작은 왕국보다 더 큰 왕국이 존재한다는 것을 의식하고 살아가는 것이며, 우리가 자신을 위해 세운 계획보다 하나님이 더 크고 좋은 계획을 세우고 계신다는 것을 인정하는 것이다. **하나님을 경외하는 마음은 우리가 지극히 작은 존재라는 사실, 곧 나는 나 자신보다 무한히 더 위대하신 하나님의 피조물이기 때문에 결코 삶의 중심이 될 수 없다는 사실을 일깨워준다.**

하나님은 위대하신 뜻과 권능으로 우주 만물을 창조하고 유지하신다. 이 놀랍고 영광스러운 하나님을 망각하면 늘 우리 자신을 중심에 올려놓는 결과가 나타나게 마련이다. 나에 관한 이야기보다 중요한 이야기는 없고, 내가 어떻게 하고 있는지를 묻는 것보다 중요한 물음은 없다. 내 만족과 위로보다 더 많은 관심을 기울여야 할 일도 없다. 그런 경우 우리는 삶이 나를 섬기고 내 이익에 기여하며, 내가 무엇을 요구하든 다 들어주어야 한다고 믿는다. 삶에 대한 이런 관점은 큰 실망을 안겨줄 수밖에 없을 뿐 아니라 건전하지 못한 삶을 부추긴다. 나는 만물의 중심이 아니다. 세상을 명령하는 주권자도 아니다. 하나님은 자신의 경이로운 보좌를 우리에게 양보하지 않으신다. 모든 형태의 자기 파괴적인 삶의 밑바닥에는 자아를 경외하는 마음, 곧 자기 숭배가 도사리고 있다.

5. 오직 은혜만이 하나님을 경외하는 마음을 되찾도록 도와줄 수 있다. 경외심의 대체, 곧 하나님을 경외하는 마음이 자아를 경외하는 마음으로 대체되는 것을 극복하는 방법은 오직 하나다. 바로 주 예수 그리스도의 십자가뿐이다. 문제는 우리가 경외심을 불러일으키는 것이

가득한 세상에 살고 있다는 것이 아니다. 우리의 문제는 그보다 좀 더 근본적인 차원, 곧 인격적이고 내면적인 특성을 지닌다.

죄는 오직 하나님만 소유하실 수 있는 것을 원하도록 부추긴다. 오직 그분께 속한 자리를 탐하도록 자극하고, 우리 자신의 계획에만 몰두하게 만들며, 우리의 주권을 확립하는 데만 노력을 기울이도록 유도한다. 죄는 우리 자신의 규칙을 제정하고, 우리 자신의 길을 걷도록 이끌며, 우리가 느끼는 감정에만 지나치게 집착하도록 부추긴다. 우리는 우리가 느끼는 감정에만 온통 마음을 쏟고, 그 감정을 바꾸는 데 필요한 일이 무엇인지에 모든 감정을 기울인다. 죄로 인해 우리는 모두 하나님을 망각했다. 이것이 우리가 창조된 세상에 중독되어 자기중심적인 태도와 절박하고 실망스럽고 불행한 마음으로 끊임없이 무엇인가를 요구하며 살아가는 이유다.

우리는 타락으로 영적 지각력만 잃은 것이 아니다. 인간성에서도 많은 부분을 상실했다. 누구도 이런 식으로 살도록 만들어지지 않았다. 우리는 비이성적이고 자기 파괴적이다. 성경은 그렇게 사는 사람을 어리석다고 말한다(시편 14편 참조). 문제는 죄인들이 하나님을 다른 것으로 대체한다는 것이다. 우리에게 그것은 마치 숨을 쉬듯 지극히 자연스럽고 즉각적이다. 우리를 경외심의 중심에 올려놓는 것이 곧 죄의 본질이다.

하나님을 경외하는 마음을 자아를 경외하는 마음으로 바꾸는 인간의 특성은 "잘못된 경외심"이 인간의 마음과 세상을 얼마나 깊이 왜곡시켰는지 잘 보여준다. 잘못된 선택, 가정 문제, 폭력, 보복, 우상 숭배, 시기, 탐욕, 부도덕, 물질주의, 권력욕, 불만족, 자기중심, 이 모든 것의 핵심에는 "잘못된 경외심"이 도사리고 있다. "잘못된 경외심"은 세상에서 숨을 쉬며 살아가는 모든 사람의 마음을 좀먹는 질병으로, 유전적이고 전염적인 성질을 띠고 있다. 아무도 이 질병을 피할 수 없다. 그 누구도 이 질병을 예방하는 방법을 발견할 수 없다. 자기 확대의 욕망은 경외심을 대체한 데서 비롯한다. 우리 자신을 주인공으로 세우고 하나님께 반역하면, 우리 자신과 다른 사람들을 위험에 몰아넣을 수밖에 없다. 우리는 우리 자신을 도울 수 없다. 우리의 가장 큰 문제는 우리 자신이기 때문이다.

경외심의 대체라는 보편적인 현상이 우리의 문제라면, 율법이 우리를 구원할 수 있다는 생각은 신학적 불합리의 극치일 것이다. 일련의 규칙이 과연 자신에게 속박된 우리의 상태나, 창조주 하나님이 계셔야 할 곳에 피조물을 올려놓는 우리의 성향을 교정할 수 있을까? 율법은 자신을 중심에 세우려는 우리의 성향이 얼마나 강한지 깨우쳐줄 수 있지만, 우리 마음속에서 마땅히 차지하셔야 할 자리로 하나님을 다시 모실 수 있도록 이끌지는 못한다. 오직 은혜만이 할 수 있는 일을 율법을 통해 이루려고 노력하는 것은 참으로 어리석은 일이다.

인간적인 해결책은 우리의 대체 본능과, 대체를 일삼는 삶의 방식을 교정할 수 없다. 규칙은 우리를 자유롭게 하지 못한다. 사회적이거나 정치적인 통찰력도 우리를 구원하지 못하기는 마찬가지다. 우리는 적과 마주하고 있다. 그 적은 바로 우리 자신이다. 따라서 우리가 그 적을 물리칠 가능성은 조금도 없다. 우리는 하나님을 망각하고, 그분을 다른 것으로 대체하기를 좋아한다. 우리 자신을 중심에 올려놓고, 충동적이고 불만족스럽고 자기중심적이고 부도덕하게 살아간다. **하나님이 마땅히 계셔야 할 자리에 계셔야만 비로소 우리 자신과 다른 사람들이 우리 마음속에서 제자리를 찾을 수 있다.** 그러나 그렇지 않기 때문에 우리가 우리 자신과 다른 사람들을 위험으로 몰아넣고 있는 것이다.

이것이 예수님이 세상에 오신 이유다. 율법만으로는 충분하지 않았다. 성경에 계시된 신학만으로는 부족했다. 사사와 왕, 선지자들로도 충분하지 않았다. 하나님은 경외심을 도둑질한 우리를 용서하실 수단, 자기 자신에게 속박된 우리를 구원하실 수 있는 수단이 필요했다. 게다가 그 수단은 하나님의 거룩하신 지위와 정의를 훼손하지 않는 것이어야 했다. 그 수단이 바로 주 예수 그리스도였다. 그분은 세상에 오셔서 완전하신 삶을 사셨기에 흠 없는 양으로 십자가의 희생을 감당하실 수 있었다. 그분은 기꺼이 죽으심으로 하나님의 요구를 충족시키셨다. 그리고 다시 살아나 우리를 지배하는 죄와 죽음의 권세를 물리치셨다. 그리스도께서 그 모든 일을 하신 이유는 우리의 경외심을 바르게 회복시켜 우리 자신이 아니라 그분을 위해 살고, 지금뿐 아니라 영원토록 그분의 경이로운 영광을 찬양하게 하시기 위해서다.

우리의 유일한 희망, 우리가 설 수 있는 굳건한 반석은 그리스도 예수이시다. 경외심을 대체하기 좋아하는 우리의 성향을 솔직히 인정해야만 용서와 변화, 구원을 가져다주는 예수님의 은혜를 의지할 수 있다. 끊임없이 경외심을 찾아 헤매는 마음의 욕구를 인정하지 않으면 살았을 때나 죽었을 때나 우리의 유일한 희망인 은혜를 도외시할 수밖에 없다.

경외심을 대체하기 좋아하는 우리의 속성을 겸손히 인정해야만 하나님의 은혜에 관한 좋은 소식을 기쁨으로 받아들일 수 있다. 그리스도의 사역 덕분에 누구든 원하기만 한다면 그 은혜를 받아 누릴 수 있다.

모든 것을 쉽게 잊어버리는 우리의 성향을 아시는 하나님은
기억을 도울 수 있는 물질세계를 창조하셨다.
그리고 그것을 통해 삶은 일차적으로 우리에 관한 것이 아니고,
우리의 작은 이야기보다 더 큰 이야기가 존재하며,
우리는 혼자도 아니고 주인공도 아니라는 점을
상기하도록 배려하셨다.

CHAPTER 5

우리는 경외심을 잊어버렸다

이 세상의 다채로운 색깔과 작은 풀잎 하나까지
모든 것은 인간을 기쁘게 하기 위해 창조되었다.
_존 칼빈[4]

경외심 망각증(awe amnesia)이란 눈이 멀어도 단단히 먼 상태, 곧 우리가 보는 것을 진정으로 볼 수 있는 영적 능력은 없고 단순히 물리적인 능력만으로 보는 상태를 뜻한다. 경이로운 것, 다시 말해 우리를 감동시키고 크나큰 놀라움을 불러일으키도록 의도된 것을 보고도 아무런 감동을 느끼지 못한 채 영광스러운 현실 앞에서 하품을 해대는 것은 매우 안타까운 일이다.

막내아들을 데리고 워싱턴 국립미술관에 간 적이 있다. 미술관에서 곧 보게 될 것을 생각하니 가는 내내 무척이나 마음이 설레었다. 그런데 아들은 그런 기색이 전혀 없었다. 그래도 일단 미술관 안에 들어서면 아들도 놀라며 그곳에 데려와 준 내게 감사할 것이라고 생각했다. 그러나 예상과 달리 아들은 놀라기는커녕 이렇다 할 반응조차 없었다. 나는 미술작품들의 아름다움에 거의 눈물을 흘릴 지경이었지만, 아들은 미술관을 돌아다니는 동안 지겹다는 듯 연신 하품을 하면서 불평을 쏟아냈다. 새로운 전시관에 들어설 때마다 나는 좋아 어쩔 줄 몰랐지만 아들은 매번 어서 나가자고 졸라댔다. 아들은 영광스러운 것에 둘러싸여 있었지만 그 사실을 조금도 깨닫지 못했다. 경이로운 것에 휩싸여 있었지만 아무 생각 없이 지루해할 뿐이었다. 아들의 눈은 정상이었지만 마음은 돌처럼 무감각했다. **모든 것을 보면서도 아무것도 보지 못했다.**

피조물을 보며 하나님을 기억하라

하나님은 우리가 살고 있는 세상을 일종의 "영광의 망원경"(gloryscope)으로 창조하셨지만, 안타깝게도 내 막내아들처럼 살아가는 사람이 매우 많다. "영광의 망원경"이란 무슨 의미일까?

망원경으로 별을 보면 영광스런 빛에 매료되어 경탄하지 않을 수 없듯이, 하나님이 지으신 세상에서 그분을 발견하고 그분의 영광에 매료되면 자연히 경이로움을 느낄 수밖에 없다. 이 세상의 온갖 아름답고 놀라운 것들, 곧 피조물의 형상, 소리, 색채, 질감, 촉감은 "영광의 망원경" 역할을 하도록 창조되었다. 생명이 있는 것이든 없는 것이든, 위대하고 강력한 것은 무엇이든 "영광의 망원경" 역할을 한다. 창조된 아름다움 자체는 목적이 아니다. 물리적인 경이로움은 그 자체에서 끝나지 않는다. 그 자체가 목적으로 존재하는 것은 아무것도 없다. 모든 피조물은 하나의 위대한 수직적인 목적을 위해 존재한다.

물질세계의 영광이 하나님의 영광을 반영하는 것은 절대 우연이 아니다. 하나님은 물질세계가 자신을 반영하도록 신중하면서도 구체적으로 계획하셨다. 물질세계는 우리의 어두운 눈에 절실히 필요한 "영광의 망원경"이다. 기술자가 선명도와 확대 비율이 가장 좋은 망원경 렌즈를 제작하는 것처럼, 하나님도 바다, 물고기, 돌, 꽃, 새, 구름, 나무, 원숭이, 잎사귀와 같은 모든 피조물을 "영광의 망원경"으로 만드셨다. 사랑이 많으신 우리의 창조주께서는 우리가 소경과 같다는 것을 잘 알고 계시기 때문이다.

성경 말씀은 하나님이 피조물을 어떻게 기능하도록 창조하셨는지 잘 보여준다.

[1]하늘이 하나님의 영광을 선포하고 궁창이 그의 손으로 하신 일을 나타내는도다 [2]날은 날에게 말하고 밤은 밤에게 지식을 전하니 [3]언어도 없고 말씀도 없으며 들리는 소리도 없으나 [4]그의 소리가 온 땅에 통하고 그의 말씀이 세상 끝까지 이르도다(시 19:1-4).

[3]거룩하다 거룩하다 거룩하다 만군의 여호와여 그의 영광이 온 땅에 충만하도다(사 6:3).

[19]이는 하나님을 알 만한 것이 그들 속에 보임이라 하나님께서 이를 그들에게 보이셨느니라 [20]창세로부터 그의 보이지 아니하는 것들 곧 그의 영원하신 능력과 신성이 그가 만드신 만물에 분명히 보여 알려졌나니(롬 1:19-20).

우리는 모든 것을 매우 쉽게 잊는 경향이 있다. 어떤 것을 배워도 곧 잊어버린다. 우리가 배운 것은 자신에 대한 생각과 삶의 방식에 아무런 영향도 끼치지 못한다. 다른 사람들이 많은 도움을 베풀었어도 곧 그들의 친절을 잊고, 고맙다는 이메일조차 보내지 않을 때가 허다하다. 가문의 전통을 배우고, 우리가 누구이며 어떤 일을 왜 하는지를 알려주는 것들에 관해 배우지만 그것을 곧 잊어버린 채 우리 자신에 관한 문제들, 곧 전에 배워 깨달은 문제들을 또다시 묻는다. 우리는 옛 친구들을 잊어버린다. 과거 사건들은 기억 속에서 쉽게 퇴색된다. 현재의 일이 우리 생각을 온통 지배하는 탓에 이미 지난 것을 기억할 정신적인 힘은 거의 남아 있지 않다. 우리 가운데는 우리의 정체성을 일깨워주는 일들, 곧 삶과 자신에 관한 것을 가르쳐주는 것들을 모조리 잊어버린 사람이 많다. 그 결과, 아무 목적 없이 허송세월을 보내며 살거나 스스로 주인공이 되어 보려고 애쓰면서 자신이 원하는 방향으로 삶을 돌이켜 보려고 버둥댄다. 그러는 과정에서 우리는 스스로 할 수 없는 것을 시도하고, 결코 얻을 수 없는 것을 얻고 싶어한다.

모든 것을 쉽게 잊어버리는 우리의 성향을 아시는 하나님은 기억을 도울 수 있는 물질세계를 창조하셨다. 그리고 그것을 통해 삶은 일차적으로 우리에 관한 것이 아니고, 우리의 작은 이야기보다 더 큰 이야기가 존재하며, 우리는 혼자도 아니고 주인공도 아니라는 점을 상기하도록 배려하셨다. 물질적인 것들은 경이로운 뜻과 권능으로 만물을 창조하시고 유지하시고 운영하시는 하나님의 장엄하신 영광을 보도록 이끄는 목적을 지니고 있다. 물질적인 것들이 곳곳에서 끊임없이 기억을 자극하는 일은 결코 우연한 현상이 아니다. 하나님은 망각증에서 우리를 보호하기 위해 피조세계 안에 신중하게 그런 것들을 계획하셨다.

하나님은 땅 위의 아버지를 통해 하늘 아버지의 영광을 기억하게 하시고, 목자를 통해 하나님이 자기 백성을 돌보신다는 것을 기억하게 하신다. 눈(snow)은 주님의 순결하심과 거룩하심을 기억하게 만드는 장치이고, 폭풍우는 하나님의 권능과 진노를 기억하게 만드는 장치이며, 매일 떠오르는 태양은 하나님의 신실하심을 기억하게 만드는 장치다. 우리는 하나님의 존재와 권능, 권위와 성품을 일깨워주는 은혜로운 장치들에 온통 휩싸여 살아간다. 하나님이 기억을 돕는 기능을 하도록 피조물을 창조하셨기 때문이다. 하나님은 우리가 바라보는 피조세계 곳곳에 기억을 돕는 장치를 마련해 주셨다. 우리가 모든 것을 매우 쉽고 빠르게 잊는다는 것과, 기억을 하는 것이 우리에게 매우 중요하다는 것을 잘 알고 계셨기 때문이다.

그 모든 장치에도 불구하고 우리는 여전히 아무것도 보지 못하고 쉽게 잊는다. 보지 못하는 데다가 기억도 하지 못한다면 절대 좋은 결과가 나올 수 없다. 물론 이렇게 된 것은 모두 죄 때문이다. 죄는 우리 눈을 멀게 하고, 마음을 무감각하게 만들었다. 우리는 왜곡된 본성으로 주변 세상을 바라보는 까닭에 하나님을 발견하지 못한다. 영광스러운 피조세계를 바라보고 즐거워하지만 창조주를 기억하지 못한다. 하나님은 피조세계가 우리 안에 경외심을 불러일으키도록 계획하셨다. 날마다 물질세계를 바라볼 때 우리는 그것이 가리키는 하나님의 영광을 보고 놀라워해야 하지만 그러지 못한다.

오히려 많은 사람이 아무런 감흥을 느끼지 못하고 지루해한다. 하나님의 영광을 보며 경탄하고 그분을 경외하며 살아가야 마땅하지만, 우리는 그것을 보지도, 기억하지도 못한다. 심지어 그런 사실조차 알지 못하는 사람이 수두룩하다. 자신이 잘 본다고 생각하고 중요한 것을 잘 기억한다고 믿지만, 실상은 그렇지 않다. 우리는 보지도 못하고 기억하지도 못하는 탓에 수직적 차원의 경외심을 완전히 잃었다. 경외심을 느끼는 능력을 다른 것에 온통 빼앗기고 만 것이다.

지금부터 망각의 징후를 몇 가지 살펴보고, 우리에게 어떤 도움이 필요하며 그것을 어디에서 발견할 수 있는지 차례로 생각해 보자.

소경 + 망각증

보지도 못하고 기억하지도 못하는 증상은 어떤 징후를 나타낼까? 전부는 아니지만 그중 몇 가지만 살펴보자.

자기중심주의. 이 점은 이미 많이 언급했다. 우리는 갓난아기의 고집스러움, 소년의 반항적인 태도, 십 대 청소년의 권리 주장, 젊은 신부의 까다로운 요구, 노인의 불만 등에서 자기중심주의를 쉽게 확인할 수 있다. 하나님을 경외하며 살지 못하면 우리 자신을 위해 사는 것을 넘어 더 고귀한 삶을 살 수가 없다. 그런 경우에는 삶이 우리의 욕구와 필요와 감정으로 축소되고, 자신의 행복에만 집착할 수밖에 없다. 다른 사람들은 우리 삶을 방해하는 걸림돌에 지나지 않는다. 삶의 모든 측면에 이런 장애가 일어나는 이유는 본래부터 우리 자리가 아닌 곳, 곧 모든 것의 중심에 서려고 애쓰기 때문이다. **삶이 자신의 계획대로 되지 않는다는 이유로 분노해 본 적이 있는가?**

권리 주장. 하나님이 아니라 나를 삶의 중심으로 생각하면, "나는 그런 대접을 받을 자격이 있어"라거나 "나는 그것을 할 권리가 있어"라는 식으로 표현되는 삶의 방식을 따를 수밖에 없다. 하나님을 경외하며 산다는 것은 그분의 뜻과 영광을 위해 산다는 것이다. 그러한 경외심이 사라지면 자신에게 필요하다고 생각하거나 마땅한 권리나 자격이 있다고 생각하는 것을 추구할 수밖에 없다.

이 점을 더 구체적으로 설명하면 이렇다. 일단 어떤 것을 할 자격이 있다고 생각하면 그것을 요구할 권리가 있다고 여기게 마련이다. 그러면 그 요구의 수용 여부를 통해 하나님이나 다른 사람들의 사랑을 판단하게 된다. 다른 사람에 대한 분노나 하나님께 대한 실망은 경외심을 상실한 채 삶의 권리만 주장하는 태도에서 비롯한다. **삶의 어느 영역에서 "나는 그런 대접을 받을 자격이 있어"라는 삶의 방식을 추구하는 경향이 있는가?**

불만족. 경외심을 잊은 채 자신을 세상의 중심에 올려놓고 실제로는 권리가 없는데도 권리가 있는 것처럼 생각하면 늘 불만족스러운 상태로 살아갈 수밖에 없다. 다른 사람들은 우리를 만족스럽고 행복하게 해 주기 위해 존재하는 것이 아니다. 주변 세상도 우리의 명령만 따르도록 창조되지 않았다. 삶은 우리의 사사로운 계획에 따라 움직이지 않으며, 상황도 우리의 바람이나 일시적인 기분에 따라 달라지지 않는다. 오래 지속되는 참된 만족은 우리 자신보다 더 위대한 것을 위해 살아갈 때만 얻을 수 있다.

어려움과 부족함이라는 삶의 폭풍우를 이겨낼 수 있는 견고한 만족감은 언제나 하나님을 예배하는 데서 비롯한다. 하나님을 즐거워하는 마음을 삶의 가장 큰 원동력으로 삼으면 누구라도 불평하고 불만족스러워할 수밖에 없는 상황에서조차 만족할 수 있다. 우리가 대부분의 시간을 만족하지 못하며 살아가는 이유는 우리의 필요가 채워지지 않아서가 아니라 경외심을 상실해서다. **지금 이 자리에서 솔직하게 생각해 보라. 만족스러운 삶을 살고 있는가?**

관계 장애. 누구나 살면서 다른 사람들과의 관계를 통해 불쾌감, 비난, 상처, 분노, 실망, 원한, 울분 등을 경험한다. 이 가운데 대부분은 경외심을 잊은 것과 관계있거나 그로 인해 발생한다. 우리가 다른 사람이 해줄 수 없는 것을 바라는 이유는 삶과 의미, 희망과 기쁨, 정체성과 만족을 하나님의 경이로운 영광과 연결시키는 능력을 상실했기 때문이다. 우리는 자녀들이 우리의 정체성을 확립하는 데 기여하고, 배우자가 우리의 개인적인 구원자가 되어주길 기대한다. 친구들이 우리를 기분 좋게 해주고, 직장 상사가 아침마다 즐거운 마음으로 잠자리에서 일어나게 해주기를 바란다.

우리가 하나님이 계셔야 할 곳에 사람을 두는 이유는 그분을 경외하는 마음이 없기 때문이다. 항상 다른 사람들 때문에 실망하는 이유는 그 사람들이 있어서는 안 될 자리에 그들을 두려고 하기 때문이다. 우리는 기대하고 요구했다가 상처 입고 환멸을 느낀다. 그러면 분노하고 보복하려 들며 또다시 비현실적인 기대와 관계에서 실망하고 마는, 끝이 보이지 않는 과정을 반복한다. 하나님이 우리 마음속에서 마땅히 차지하셔야 할 자리에 계셔야만 우리 곁에 있는 사람들도 우리 삶에서 제각기 제자리에 머물 수 있다. **어떤 식으로든 다른 사람들에게 그들이 해줄 수 없는 일을 기대한 적이 있는가?**

통제 욕구. 성경이 하나님에 관해 가르치는 것 가운데 가장 놀랍고 영광스러운 진리는 바로 하나님이 만물을 다스리신다는 것이다. 사도행전 17장 24-28절은 심지어 하나님이 우리 각자의 거주지와 수명을 정확하게 결정하신다고 말한다. 놀라지 말라. 하나님은 과거부터 지금까지 이 세상에서 살아왔고 앞으로 살아갈 모든 사람의 운명과 삶을 주관하신다. 하나님이 주권자시라는 것은 우리가 처한 상황이나 장소, 관계 가운데 그 무엇도 그분의 신중하고 지혜로운 통제를 벗어날 수 없다는 뜻이다. 하나님은 이 세상이 시작되기 전부터 다스리셨고, 이 세상이 끝난 뒤에도 여전히 다스리실 것이다. 우리는 존재하는 모든 것을 다스리는 하나님의 견고하고 영원한 주권 앞에서 경탄하고 놀라며 말없이 경배드리도록 창조되었다.

그러나 수직적 경외심의 기능이 망각으로 마비된 탓에 우리는 안심하며 하나님의 통제를 믿지 못하고, 스스로 모든 것을 통제하려고 시도한다. 우리는 자신의 지혜를 지나치게 의지하고 스스로 너무 많은 권력을 가지려고 애쓴다. 하나님의 뜻이 이루어질 것을 믿지 않고, 사람과 장소와 상황을 우리 뜻대로 이루려고 노력한다. 통제할 수 없는 것을 통제하려고 시도하다가 결국 실망하고, 우리를 통제하려는 사람들 때문에 위협을 느낀다. 우리가 통제 욕구에 시달리는 이유는 통제의 문제가 아니라 경외심의 문제를 안고 있기 때문이다. **통제력을 잃을까 봐 두려워하는 일이 있다면 무엇인가? 또 스스로 통제할 수 없는 일을 통제하**

려고 하는 일이 있다면 무엇인가?

두려움. 앞서 언급한 대로 두려움은 오직 두려움으로만 극복할 수 있다. 하나님을 두려워하는 마음을 지니면 우리 마음을 갉아먹는 다른 소소한 두려움들에서 자유로울 수 있다. 하나님의 광대하신 권능과 권위를 경외하고 그분이 자신의 영광과 우리의 유익을 위해 능력을 행사하신다는 사실을 놀라워한다면, 우리에게서 기쁨을 앗아가고 근심을 안겨주는 모든 불안을 떨쳐버릴 수 있다.

두려움, 걱정, 공포, 불안 따위는 생각보다 훨씬 많은 영향을 끼친다. 우리가 내리는 결정이나 취하는 행동은 믿음에서 우러나는 용기보다는 두려워하는 것을 피하고자 하는 성향에 더 많이 좌우된다. 용기는 우리 자신이나 다른 사람들이나 상황에서 비롯하지 않는다. 엄위하신 하나님을 경외하는 마음, 곧 그분의 거룩하심과 장엄하심을 의식할 때 우리 마음속에서 우러나는 경외심에서 용기가 생겨난다. 하나님이 어떤 분인지 알고, 그토록 경이로우신 분이 우리 안에, 우리와 함께 거하실 뿐 아니라 우리를 위하신다는 사실을 깨달으면, 사람들과 장소와 상황을 두려워하지 않게 된다. **삶에서 사람이나 상황을 대할 때 두려움을 느끼는 일이 있다면 무엇인가?**

분노. 정기적으로 신앙 상담 활동을 시작했을 때 내가 놀란 한 가지 사실은 하나님께 분노를 느끼는 사람이 몹시 많았다는 것이다. 그들은 자신이 하나님께 분노를 느끼고 있다는 사실을 의식하지 못했다. 따라서 그 부분에 대해 도움을 구한 적은 거의 없었다.

그들이 말하는 하나님은 내가 알고 있는 하나님과 거리가 멀었다. 그들은 성경의 하나님과 다른 하나님을 언급했다. 그들이 말한 "하나님"은 냉랭하고, 무관심하고, 변덕스럽고, 신실하지 못하고, 심판하기를 좋아하고, 분노를 드러내는 존재였다. 그들의 하나님에게는 긍휼과 은혜와 사랑이 없었다.

처음에는 피상담자들이 신학적인 문제를 안고 있다고 생각했다. 그들이 올바른 교육을 받지 못했다는 생각이 들었다. 그러나 좀 더 주의를 기울여 듣다 보니 그들의 분노는 형식적인 신학 문제가 아니라는 사실을 알게 되었다. 그것은 경외심의 문제였다. 그들은 경외심을 상실했고, 자신의 작은 세상 속에 자기 자신을 가둬놓은 상태였다. 그들이 분노한 것은 하나님이 자신을 실망시키셨다고 생각했기 때문이다. 번번이 상황이 힘들다는 이유로 화를 냈고, 주변 사람들이 완전하지 못했다는 이유로 분노했다. 그들은 자신의 몸이 아프거나 주변 세상이 제대로 기능하지 못한다는 이유로 분통을 터뜨렸다. 하나님의 선하심에 관한 그들의 견해는 그들이 느끼는 행복의 경험과 직결되었다. 그들은 하나님을 경이롭고 영광스러운 주님으로 생각하지 않았다. 그분을 하늘에 있는 하인으로 격하시켰다. 하나님의 임무는 그들을 행복하게 해주는 것이었다. 그분은 거룩한 접시에 행복한 삶을 담아 그들에게 가져다주는 하늘의 종업원에 지나지 않았다.

하나님께 분노하는 사람들은 대부분 그분이 하나님이라는 사실 때문에 분노를 드러냈다. 하나님이 스스로 약속하신 것을 이루어주지 않으셨기 때문이 아니었다. 그들이 원하고 기대하고 요구하는 것을 하나님이 이루어주지 않으셨기 때문에 분노했다. 하나님을 경외하는 마음이 자아를 경외하는 마음으로 대체되면, 하나님은 더 이상 우리의 주님이 아니라 우리를 위한 계약 노동자로 격하된다. **삶에서 하나님께 분노하게 만드는 것이 있다면 무엇인가?**

시기심. 시기심의 원인은 무엇일까? 그것은 필요 때문도 아니고, 불평등 때문도 아니다. 하나님이 공정하지 않다고 생각하는 문제도 아니다. 시기심은 경외심의 문제다.

하나님의 위대하심을 경외하고, 그분의 거룩한 공의와 긍휼에 놀라며, 주님의 길은 항상 바르고 옳다고 생각한다면, 늘 감사하며 만족하는 삶을 살아갈 수 있다. 그러나 경외심을 느끼는 능력이 내 욕망을 채우거나 피조세계의 영광을 추구하는 것에 국한되면, 점수를 비교해 기록하는 것처럼 내 신분과 소유와 경험을 이웃과 늘 비교하고, 다른 사람들이 누리는 축복을 시샘할 수밖에 없다. 그런 경우에는 만족을 느끼기 어렵다. 그렇기 때문에 내가 가지지 못한 것을 다른 사람들이 누리는 것을 볼 때마다 항상 그 이유가 궁금하게 마련이다. **마음속으로 늘 시기하는 것이 있다면 무엇인가?**

강박증. 경외심과 마음의 안식은 서로 밀접하게 연관되어 있다. 하나님이 자기 자녀들을 위해 만물을 다스리시고, 언약을 통해 우리의 모든 필요를 채워주겠다는 축복을 약속하셨으며, 그분이 선하고 옳고 지혜롭고 진실한 모든 것의 궁극적인 기준이시라는 것을 생각하며 산다면, 나 혼자 힘으로 세상이라는 큰 짐을 짊어지려고 애쓰지 않을 것이다. 하나님은 내게 노동의 소명을 부여하시면서, 그와 동시에 필요한 것을 공급해 주겠다고 약속하셨다. 내게 자녀들을 지혜롭게 양육하라고 요구하시지만, 친히 그들 마음속에 그들의 인격을 형성하실 뿐 아니라 심지어 믿음을 갖도록 이끌어주신다. 내게 선한 청지기가 되어 그분이 공급하신 것을 잘 운영하라고 명령하시면서, 그 명령을 이행하고자 애쓸 때 내게 영향을 끼치는 외부 요인들을 섭리하신다.

강박증은 자신의 영광을 추구하고자 애쓰는 데서 비롯한다. 우리의 눈과 마음이 하나님의 장엄하심에 매료되지 못하면, 마치 모든 것이 자신에게 달려 있는 것처럼 항상 더 많이 일하고 더 열심히 노력해야 한다는 강박증에 시달릴 수밖에 없다. 경외심은 안식일의 휴식을 진정으로 만끽할 수 있게 해준다. **지나치게 빡빡한 일정에 시달리고 있지는 않은가? 또 너무 많이 너무 힘들게 일하고 있지는 않은가?**

피로. 경외하는 마음 없이 살면 삶에 피로를 느낄 수밖에 없다. 지금까지 살펴본 대로 경외심을 망각한 데서 비롯하는 징후들은 모두 과중한 피로감을 안겨주어 끝이 보이지 않는 고된 삶을 포기하고픈 심정을 갖게 만든다. 나는 피로에 지친 그리스도인들을 많이 만나보았고, 지금도 계속해서 만나고 있다. 그들의 이야기를 들어보면 그들이 겪는 문제가 지나치게 빡빡한 일정이나 바쁜 삶에 시달리는 데 있지 않다는 것을 알 수 있다. 그들의 문제는 경외심이다.

조금 달리 표현하자면 그들은 영광과 은혜의 문제를 안고 있다. 말로 다할 수 없는 하나님의 영광을 보지 못하면, 왕이신 주님을 신뢰하기보다 스스로 왕이 되어 모든 짐을 자기 어깨 위에 짊어질 수밖에 없다. 하나님의 놀라운 은혜를 보지 못하면, 거룩한 은혜의 수단을 통해서만 얻을 수 있는 것을 인간의 노력으로 얻으려고 애쓸 수밖에 없다. 더 열심히 일하는 이유는 항상 더 열심히 일해야 하고 더 잘해야 한다고 생각해서다. 그 과정에서 우리는 지칠 수밖에 없다. **정직하게 생각해 보라. 자신의 사고방식과 삶의 방식이 자신을 지치게 만들고 있지는 않은가?**

<u>의심.</u> 하나님을 의심하는 것은 다른 무엇보다 경외심을 망각한 데 원인이 있다. 하나님의 경이로운 임재와 장엄하심을 바라보지 못하면 자신을 바라볼 수밖에 없다. 자신을 바라보면 자신의 욕망과 필요, 꿈과 바람, 희망과 목적, 기대와 감정에 초점을 맞출 수밖에 없다. 그런 것에 초점을 맞출수록 하나님이 그런 욕구를 얼마나 잘 해소해 주시는지에 따라 그분의 사랑을 판단하는 경향이 강해진다. 하나님은 약속하신 것을 이루어주시지만 그렇다고 우리가 원하는 것을 반드시 들어주시는 것은 아니다. 그럴 때면 우리는 하나님의 선하심과 사랑을 의심하기 시작한다. 이런 순환 과정은 사람들의 영적 삶을 황폐하게 만든다. 하나님의 사랑을 의심하면 더 이상 그분을 신뢰하지 못하고, 그분의 도움을 구하는 일을 멈출 수밖에 없기 때문이다. **삶에서 하나님을 의심하는 증거가 나타나고 있지는 않은가?**

<u>냉랭한 신앙생활.</u> 한 피상담자가 이렇게 말했다. "교회에 나가서 '오, 신실하신 주'라는 찬송을 부르지 못하겠습니다. 솔직히 더는 그렇게 믿을 수가 없거든요." 그녀는 더 이상 소그룹에 참여하지 않았고, 주일 아침 예배에도 나오지 않았다. 성경을 읽는 것도 멈추었다. 그녀는 영적으로 냉랭해졌다. 그러는 동안에도 하나님은 여전히 영광스런 은혜를

베푸셔서 그녀를 위해 약속하신 것을 그녀 안에서 계속 이루고 계셨다. 하나님은 그녀가 필요하다고 확신하는 것을 제공하기 위해 지혜롭고 거룩하신 계획을 포기하지 않으셨다. 명백한 사실이지만 또 한 번 강조하면 경외심과 예배는 서로 직접적인 관계를 맺고 있다. 이미 지적한 대로 우리는 하나님을 경외하는 마음이 사라진 자리를 자아를 경외하는 마음으로 신속히 대체하는 경향이 있다. 그렇게 되면 진정으로 예배하는 마음이 사라지고 만다. **매일 하나님을 예배하면서 기쁘게 살고 있는가? 그렇지 않다면 그 이유는 무엇인가?**

경외심을 잊었다는 사실을 인정하라

간단히 요점을 정리해 보자. 하나님의 놀랍고 광대하신 영광을 보지 못하고 그분의 지극히 뛰어나심을 기억하지 못한다면, 마음이 쪼그라들 수밖에 없다. 다시 말해 삶을 바라보는 관점이 하나님의 장엄하심에 맞춰 확장되기보다는 개인적인 희망과 꿈, 물질세계가 제공할 수 있는 크기로 축소되는 것이다. 참된 만족을 가져다주는 하나님의 영광이라는 양식보다는 일시적인 피조물의 영광에서 비롯하는 영양가 없는 부스러기를 먹고 살려고 애쓸 수밖에 없다. 적절한 영적 자양분을 흡수하지 못하는 탓에 늘 공허할 뿐 아니라 영적 근육이 위축되어 하나님이 의도하신 대로 살 수 없게 된다.

이 모든 것을 바로잡을 수 있는 해결책을 제시하고 싶은 마음이 간절하다. 그러나 이 문제는 그렇게 간단하지가 않다. 우선 우리가 냉랭하고 변덕스럽고 이기적인 마음을 소유하고 있다는 점을 인정하는 데서 출발하는 것이 좋을 듯싶다. 하나님은 우리의 기억을 돕기 위한 "영광의 망원경"으로 물질세계를 만드셨지만, 우리는 세상이 우리에게 가리키는 것을 보지 못하고 기억하지 못할 때가 많다는 것을 기꺼이 인정하라. 자신의 욕망과 계획, 일정과 업적에 지나치게 집착하는 탓에 마땅히 보고 기억해야 할 하나님의 경이로운 영광을 깊이 묵상할 시간이 없다. 우리는 궁극적인 경이로움을 잊어버렸다. 그 결과 우리 영혼은 세상을 향한 일시적인 희망과 꿈을 추구하는 데만 관심을 기울이게 되었다. 우리가 실망과 분노와 시기심을 느끼는 이유가 바로 여기에 있다.

그렇다고 우리를 위해 또 다른 개혁 프로그램을 마련하거나 회개가 아닌 고행에 가까운 영적 훈련을 시도할 필요는 없다. 우리에게는 위대한 의사이신 주님 앞에 상한 마음으로 겸손히 무릎을 꿇고, 경외심을 망각한 것이 영혼의 암처럼 우리 자신을 갉아먹고 있다고 슬퍼하며 고백하는 것이 필요하다. 볼 수 있는 눈과 기억할 수 있는 마음을 구하라. 하나님을 매우 쉽게 잊어버리는 잘못을 슬퍼하고 영적으로 쇠약해진 상태를 고백하면서 마음을 변화시켜달라고 기도하라. 우리 자신이 문제라는 사실을 기꺼이 인정한다면, 하나님의 은혜로운 품을 향해 달려갈 수 있을 것이다.

여러 번 말했지만, 상황이나 관계, 장소를 피해 달아날 수 있을지 몰라도 우리 자신을 피해 달아날 수는 없다. 문제가 우리 밖이 아닌 안에 있다는 것을 인정할 때 우리가 설 수 있는 반석은 단 하나뿐이다. 바로 예수 그리스도이시다. 영적 수치심을 느끼며 살아갈 필요가 없다. 예수님은 우리를 부끄럽게 하려고 세상에 오셔서 살다가 죽으시고 부활하신 것이 아니다. 그분이 그렇게 하신 목적은 우리를 구원하시기 위해

서다. 경외심 망각증을 인정하는 것은 곧 사랑 많으신 구원자가 여전히 내게 필요하다는 고백과 같다. 경외심을 잊었다면 서둘러 주님께 달려가라. 그러면 지극히 탁월하고 거부할 수 없는 은혜를 통해 주님이 이루실 일을 분명하게 볼 것이다.

AWE

**하나님을 경외할 때, 삶은
올바른 방향으로 나아간다.**

PART 2

문제의 시작, 경외하지 않는 마음

불순종은 하나님이 아닌
다른 사람이나 다른 것을 사랑하는 영적 간음이다.
하나님이 정하신 한계를 넘어서거나
그분의 율법을 거역하는 것은
무엇보다 그분과의 관계를 파괴하는 결과를 초래한다.

CHAPTER 6

증상 1 : 불순종
경외심을 잃은 행위

올바른 정신으로 숨을 쉬고 있는 동안
매순간 신성하게 느끼며 놀라움과 경외심을 잃지 않는다면,
항상 감사하고 경배하며 겸손히 살아갈 수 있을 것이다.
_ 버니스 존슨 리건[5]

아들은 태어난 지 갓 9개월밖에 되지 않았지만 자신이 무엇을 하고 있는지, 또 그 일이 옳은지 아닌지를 알고 있었다. 아들은 이제 막 걷기 시작한 터였다. 위험한 것이 가득한 세상에 발을 들여놓은 것이다. 나는 아장아장 걷는 아들을 벽에 있는 전기 소켓 앞으로 데려가 그것이 얼마나 위험한지 가르쳐주었다. 그것을 만지거나 그 안에 무엇을 집어넣어서는 절대로 안 된다고 힘주어 말했다. 녀석이 내 말을 잘 알아들었는지 궁금했다.

다음 날, 신문을 보고 있을 때였다. 복도를 걸어오는 아들의 발자국 소리가 들렸다. 녀석은 내가 지켜보고 있는지 확인하기 위해 모퉁이에서 나를 살짝 엿보더니 곧바로 전기 소켓이 있는 곳으로 향했다. 그리고 그것을 만지기 직전, 다시 나를 흘끔 돌아다보았다. 나를 돌아다본 행위에는 상당한 의미가 담겨 있었다. 그것은 자신이 해서는 안 될 일

을 하고 있고, 그 일은 내 말을 거역하는 행위라는 것을 분명하게 의식하고 있다는 표시였다. 녀석은 아버지가 경고한 것을 어기려고 하는 참이었다. 그 순간, 녀석은 나와의 관계를 기꺼이 파괴하고자 했다. 내가 자기를 사랑하는 마음에서 금지한 일을 해보기 위해서 말이다. 그것은 도덕적인 차원을 넘어 인격적인 차원에 해당하는 문제였다.

어린 아들과 있었던 일을 생각하다 보니 또 다른 사건이 생각난다. 그 사건은 아들의 일과 언뜻 달라 보이지만 핵심은 매우 흡사하다. 그것은 참으로 두렵고, 떨리고, 놀랍고, 경악스런 순간이었다. 전에는 그런 일이 한 번도 없었다. 그것은 매우 특별한 부류의 사람들을 위해 계획된 것이었고, 그 순간 이후 그들은 전과는 전혀 다른 존재로 변화되었다. 그 순간을 묘사한 성경 기록을 읽어보면 말로 다할 수 없는 엄숙함이 느껴진다. 하나님은 한 사람을 부르셨다. 그리고 에덴동산의 타락 이후, 그 누구보다 가깝게 그에게 다가가셨다. 그 사람은 하나님의 손길을 통해 그분이 전에는 한 번도 허락하신 적 없는 것을 받아야 할 상황이었다. 그렇게 그는 온통 그분의 영광에 휩싸인 채 마침내 돌판에 새겨진 율법을 받았다.

모세 율법은 이스라엘 백성이 하나님의 축복을 계속해서 누리는 데 필요한 조건을 명시한 것이다. 그들이 하나님께 인정받고 그분과 관계를 맺는 데 필요한 자격을 요구하는 "성취도 테스트"와는 거리가 멀다. 하나님은 이미 그들을 선택하셨고, 사랑하셨으며, 노예 상태에서 구원하셨다. 그리고 그들에게 살 땅과 복된 미래를 약속하셨다. 율법은 하나님의 사랑을 얻는 데 필요한 자격 심사와는 전혀 무관했다. 오히려 율법은 하나님의 사랑을 구체적으로 표현한 내용을 담고 있었다. 하나님은 자신의 소유로 선택한 백성에게 율법을 허락하는 은혜를 베푸셨다. 그들이 율법을 받은 것은 특권이었다. 율법은 자신들과 하나님의 관계(다른 민족들은 결코 누릴 수 없는 관계)가 어떤 특성을 지니는지 분명하게 보여주기 때문이다.

이런 점에서 율법에 복종하지 않는 것은 단순히 규범화된 도덕법을 어기는 것 이상의 의미를 지녔다. 불순종은 인격적인 차원에 속하는 문제였다. 율법을 어기는 것은 관계를 파괴하는 것을 의미했다. 하나님의 도덕법을 무시하는 것은 곧 그분께 등을 돌리는 것과 같았다. 불순종은 법률적인 한계를 위반하는 것 이상을 의미했다. 그것은 하나님께 충실하지 못한 행위였다.

우리도 마찬가지다. 은혜로 우리는 하나님의 소유로 선택되었다. 하나님은 우리를 받아들여 영원한 교제를 나누기로 결정하셨다. 그것은 우리 자신의 의로는 결코 얻을 수 없는 축복이다. 우리의 도덕적 행위가 아무리 뛰어나다고 해도 하나님의 거룩한 기준에는 조금도 이르지 못한다. 우리가 하나님께 속한 것은 그분이 말로 다할 수 없는 긍휼과 사랑을 베푸셨기 때문이다. 따라서 불순종은 하나님이 아닌 다른 사람이나 다른 것을 사랑하는 영적 간음이다. 하나님이 정하신 한계를 넘어서거나 그분의 율법을 거역하는 것은 무엇보다 그분과의 관계를 파괴하는 결과를 초래한다.

"도대체 하나님을 경외하는 마음을 다루는 이 책이 율법과 무슨 관계가 있습니까?"라고 물을지도 모르겠다. 성경을 읽을 때마다 불순종은 단순히 율법의 문제가 아니라는 확신이 강해진다. 율법의 문제는 경외심에서 파생한다. 하나님 아닌 다른 것을 경외하는 마음이 우리 마음을 사로잡아 지배하면, 하나님이 정하신 한계 안에 머물지 않게 된다. 그러나 마음으로 하나님을 깊이 공경하고 두려워하면 그분이 우리를 위해 정하신 한계 안에 기꺼이 머물게 된다. 피조물의 영광이 우리 마음을 지배하면 구원자가 아닌 그 피조물의 영광을 위해 살게 마련이다. 하나님보다 다른 것을 사랑하는 마음이 강하면 하나님께 등을 돌리게 되고, 결국에는 그분이 정하신 한계를 넘어설 수밖에 없다.

순종하는 삶으로 이끄는 것은 경외심이다. 하나님 아닌 다른 것을 경외하는 마음이 하나님을 경외하는 마음을 대체하면 순종 대신 불순종을 선택할 수밖에 없다. 하나님의 뜻과 계획, 명령과 목적에 순종하는 삶은 그분을 경배하는 마음에서 비롯한다. 순종은 제멋대로이고 추상적인 규칙들을 기계처럼 비인격적으로 지키는 것이 아니다. 순종은 하나님의 지혜, 권능, 사랑, 은혜를 우러르며 그분을 경외하는 마음에서 비롯한다. 그런 마음이 있을 때 비로소 하나님이 명령하신 옳고 선한 일을 기꺼이 행할 수 있다. 순종은 마지못해 의무를 이행하는 것과 거리가 멀다. 하나님의 영광과 선하심, 은혜에 매료된 마음에서 우러나는 즐겁고 기꺼운 반응이다.

따라서 누구를 위협하거나 설득하거나 죄책감을 자극해서 순종하게 만들 수는 없다. 오직 은혜만이 기쁨으로 순종하는 마음을 갖게 할 수 있다. 오직 은혜만이 보지 못하는 우리 눈을 열어 하나님의 경이로운 영광을 보게 할 수 있고, 오직 은혜만이 우리를 사로잡는 다른 경외심에서 우리 마음을 자유롭게 할 수 있다. 오직 은혜만이 우리를 자아 숭배자에서 하나님을 경배하는 사람으로 변화시킬 수 있고, 주님의 아름다우심에 매료되어 나 혼자만의 작은 왕국에서 빠져나와 나보다 무한히 위대한 것을 위해 헌신하게 만들 수 있다. 율법은 나에게 율법을 지킬 수 있는 동기를 부여할 수 없다.

이처럼 불순종의 근원은 율법의 문제가 아니다. 경외심의 문제다. 하나님을 경외하는 마음은 그분의 뜻에 기꺼이 순종하는 마음을 갖게 해 준다. 반대로 하나님을 경외하는 마음이 없으면 그분이 정하신 한계를 넘어서는 결과가 나타날 수밖에 없다. 지금부터는 우리에게 익숙한 성경 본문 세 곳을 중심으로 이 주제를 좀 더 자세히 살펴보자.

불순종의 시작, 뒤바뀐 경외심

[1]그런데 뱀은 여호와 하나님이 지으신 들짐승 중에 가장 간교하니라 뱀이 여자에게 물어 이르되 하나님이 참으로 너희에게 동산 모든 나무의 열매를 먹지 말라 하시더냐 [2]여자가 뱀에게 말하되 동산 나무의 열매를 우리가 먹을 수 있으나 [3]동산 중앙에 있는 나무의 열매는 하나님의 말씀에 너희는 먹지도 말고 만지지도 말라 너희가 죽을까 하노라 하셨느니라 [4]뱀이 여자에게 이르되 너희가 결코 죽지 아니하리라 [5]너희가 그것을 먹는 날에는 너희 눈이 밝아져 하나님과 같이 되어 선악을 알 줄 하나님이 아심이니라 [6]여자가 그 나무를 본즉 먹음직도 하고 보암직도 하고 지혜롭게 할 만큼 탐스럽기도 한 나무인지라 여자가 그 열매를 따먹고 자기와 함께 있는 남편에게도 주매 그도 먹은지라 [7]이에 그들의 눈이 밝아져 자기들이 벗은 줄을 알고 무화과나무 잎을 엮어 치마로 삼았더라 [8]그들이 그날 바람이 불 때 동산에 거니시는 여호와 하나님의 소리를 듣고 아담과 그의 아내가 여호와 하나님의 낯을

피하여 동산 나무 사이에 숨은지라 ⁹여호와 하나님이 아담을 부르시며 그에게 이르시되 네가 어디 있느냐 ¹⁰이르되 내가 동산에서 하나님의 소리를 듣고 내가 벗었으므로 두려워하여 숨었나이다 ¹¹이르시되 누가 너의 벗었음을 네게 알렸느냐 내가 네게 먹지 말라 명한 그 나무 열매를 네가 먹었느냐 ¹²아담이 이르되 하나님이 주셔서 나와 함께 있게 하신 여자 그가 그 나무 열매를 내게 주므로 내가 먹었나이다 ¹³여호와 하나님이 여자에게 이르시되 네가 어찌하여 이렇게 하였느냐 여자가 이르되 뱀이 나를 꾀므로 내가 먹었나이다 (창 3:1-13).

앞에서 이 본문을 살펴보았지만, 이 장에서는 아담과 하와가 하나님을 거역한 일이 얼마나 충격적인지, 또 그들이 왜 그런 일을 저질렀는지를 다시 한 번 보려고 한다. 아담과 하와가 저지른 불순종의 본질을 온전히 이해하려면 이 본문을 주의 깊게 눈여겨봐야 한다. 먼저 그들의 상황을 살펴보자.

아담과 하와는 에덴동산에서 매일 경외심을 자아내는 기적적인 현상을 목격하며 지냈다. 본문은 아담과 하와가 하나님을 거역하고 그분을 피해 숨은 뒤, "동산에 거니시는 여호와 하나님의 소리를 들었다"고 말한다(8절). 상상력을 발휘해서 이 말씀이 묘사하는 놀라운 장면을 떠올려 보라. 영원 전부터 영으로 존재하시는 하나님이 자신이 창조하신 사람들과 사랑의 교제를 나누시기 위해 자신을 지극히 낮추셔서 볼 수도 있고 들을 수도 있는 물리적인 형태를 취하셨다. 하나님은 아담과 하와에게 친히 내려가셨다. 자신에게 올라오라고 요구하지 않으신 것이다. 그뿐 아니라 그들과 물리적으로 관계를 맺기 위해 구체적인 형태를 취하셨다.

만주의 주이자 영원하신 주권자, 존재하는 모든 것의 창조주이신 하나님이 인간에게 자신과 교제할 수 있는 은혜를 허락하시고, 그들과 교제하기 위해 놀라운 기적을 베푸셨다. 아담과 하와의 삶에서 이보다 더 경외심을 일으킬 만한 것이 있겠는가? 그들이 이보다 더 영광스러운 것을 어디서 또 경험할 수 있겠는가? 날마다 하나님과 직접 교제하는 것보다 경탄할 만한 경험이 어디 있겠는가? 그들에게 이보다 더 경이로움과 놀라움을 자아내게 만드는 것이 또 어디 있겠는가? 하나님이 은혜와 기적을 베풀어 아담과 하와와 친밀한 교제를 나누셨다는 사실에 주목한다면, 그들의 불순종이 단지 추상적인 규칙을 위반하는 것 이상의 의미를 지닌다는 점을 쉽게 이해할 수 있을 것이다. 그들의 불순종은 본질상 인격적인 성격을 띠었다.

뱀은 어떤 미끼로 하와를 유혹한 것인가? 뱀은 하와에게 불순종이 건설적인 효력을 지닌다고 유혹했다. 이것이 유혹의 본질이다. 뱀은 하나님이 정하신 한계를 넘어서면 우리 삶에 좋은 일이 생길 것이라고 유혹한다. **실제로는 파괴적인 것인데도 마치 건설적인 것인 양 주장해서 하와의 마음속에서 경외심의 방향이 바뀌도록 유도했다.** 그는 하와의 상상력을 무한정 자극해서 더 이상 하나님께 예속된 관계를 유지하지 않아도 되는 것처럼 생각하게 만들었다. 하와의 마음을 뒤흔들어서 하나님께 사랑받는 특별한 위치와 그분의 놀라운 영광이 아니라 자신이 그녀에게 제시하는 가능성의 영광을 경외하도록 부추겼다. 앞으로의 가능성에 대한 경외심이 하나님을 경외하는 마음을 대체하는 순간, 하와는 하나님이 정하신 한계를 벗어나 금단의 열매를 따먹었다. 하와가 지닌 문제의 근원은 율법이 아니었다. 그녀는 경외심의 문제를 안고 있었고, 거기에서 율법의 문제가 비롯되었다.

지금까지 말한 내용을 한층 강화시켜주는 요소가 하나 더 있다. 본문을 보면 하와는 그 나무를 "지혜롭게 할 만큼 탐스럽기도 한 나무"(6절)로 생각했다. "지혜롭게 할 만큼 탐스럽다"는 표현의 의미를 깊이 생각해 보자. 하와는 "지혜"이신 하나님과 날마다 친밀하고 사랑이 넘치는 인격적인 교제를 나누었다. 그 무엇도 맞설 수 없을 만큼 놀라운 지혜의 원천이신 하나님과 사귀고 있었다. 한마디로 하와에게는 지혜가 필요하지 않았다. 에덴동산은 지혜가 없는 곳이 아니다. 그렇다면 그녀가 구한 것은 무엇일까? 어떤 종류의 지혜에 대한 가능성이 그녀의 경외심을 사로잡았을까? 뱀이 하와에게 제시한 것은 "자율적인 지혜", 즉 지혜의 원천이신 하나님을 더 이상 의존하지 않는 지혜였다. 하와는 하나님을 경외하며 그분의 지혜에 순종하기보다 독자적인 지혜를 경외하였기 때문에 그분의 뜻을 거역하고 말았다.

그날 동산에서는 굉장히 파괴적인 대체가 일어났다. 근본적으로 그것은 순종이 불순종으로 바뀐 것이 아니라 하나님을 경외하는 마음이 자아를 경외하는 마음으로 바뀐 것이다. 이제 하와의 눈에는 자신이 무한히 커 보이고 하나님은 무한히 작아 보였다. 앞으로의 가능성을 부추긴 유혹에 넘어갔기 때문이다. 하나님을 경외하는 마음을 잃으면 순종하는 마음도 곧 사라지고 만다.

불순종은 영적 간음이다

⁸내가 …… 네게 맹세하고 언약하여 너를 내게 속하게 하였느니라 나

주 여호와의 말이니라 [9]내가 물로 네 피를 씻어 없애고 네게 기름을 바르고 [10]수놓은 옷을 입히고 물돼지 가죽신을 신기고 가는 베로 두르고 모시로 덧입히고 [11]패물을 채우고 팔고리를 손목에 끼우고 목걸이를 목에 걸고 [12]코고리를 코에 달고 귀고리를 귀에 달고 화려한 왕관을 머리에 씌웠나니 [13]이와 같이 네가 금, 은으로 장식하고 가는 베와 모시와 수놓은 것을 입으며 또 고운 밀가루와 꿀과 기름을 먹음으로 극히 곱고 형통하여 왕후의 지위에 올랐느니라 [14]네 화려함으로 말미암아 네 명성이 이방인 중에 퍼졌음은 내가 네게 입힌 영화로 네 화려함이 온전함이라 나 주 여호와의 말이니라 [15]그러나 네가 네 화려함을 믿고 네 명성을 가지고 행음하되 지나가는 모든 자와 더불어 음란을 많이 행하므로 네 몸이 그들의 것이 되도다 [16]네가 네 의복을 가지고 너를 위하여 각색으로 산당을 꾸미고 거기에서 행음하였나니 이런 일은 전무후무하니라 [17]네가 또 내가 준 금, 은 장식품으로 너를 위하여 남자 우상을 만들어 행음하며 [18]또 네 수놓은 옷을 그 우상에게 입히고 나의 기름과 향을 그 앞에 베풀며 …… [23]주 여호와의 말씀이니라 너는 화 있을진저 화 있을진저 네가 모든 악을 행한 후에 [24]너를 위하여 누각을 건축하며 모든 거리에 높은 대를 쌓았도다 [25]네가 높은 대를 모든 길 어귀에 쌓고 네 아름다움을 가증하게 하여 모든 지나가는 자에게 다리를 벌려 심히 음행하고 [26]하체가 큰 네 이웃 나라 애굽 사람과도 음행하되 심히 음란히 하여 내 진노를 샀도다 [27]그러므로 내가 내 손을 네 위에 펴서 네 일용할 양식을 감하고 너를 미워하는 블레셋 여자 곧 네 더러운 행실을 부끄러워하는 자에게 너를 넘겨 임의로 하게 하였거늘 [28]네가 음욕이 차지 아니하여 또 앗수르 사람과 행음하고 그들과 행음하고도 아직도 부족하게 여겨 20장사하는 땅 갈대아에까지 심히 행음하되 아직도 족한 줄을 알지 못하였느니라 …… 33사람들은 모든 창기에게 선물을 주거늘 오직 너는 네 모든 정든 자에게 선물을 주며 값을 주어서 사방에서 와서 너와 행음하게 하니 34네 음란함이 다른 여인과 같지 아니함은 행음하려고 너를 따르는 자가 없음이며 또 네가 값을 받지 아니하고 도리어 값을 줌이라 그런즉 다른 여인과 같지 아니하니라(겔 16:8-18, 23-29, 33-34).

표현 자체도 충격적이지만 내용은 훨씬 충격적이다. 에스겔 16장을 읽으면 하나님의 율법을 어기는 것이 비인격적인 차원에서 규범화된 규칙을 어기는 것이라고 생각하기 어렵다. 에스겔 16장은 하나님이 우리의 불순종을 그런 식으로 여기지 않으신다는 것을 분명하게 보여준다. 주님은 불순종을 인격적인 차원으로 생각하신다. 하나님은 율법을 어긴 것이 아니라 인격적인 관계를 파괴한 것에 대해 분노하시고 있다.

본문은 신부가 결혼 서약을 어기는 불명예스러운 행위를 저질렀을 뿐 아니라 길거리에서 대놓고 창기처럼 행동한 사실을 생생하게 묘사한다. 더욱이 그녀는 창기처럼 행동하면서 화대를 요구하지도 않았다. 오히려 다른 창기들과 달리 자기와 음행하는 자들에게 대가를 지불했다. 신부(이스라엘 백성)는 욕정을 해결하기 위해 길거리로 나갔고 값을 지불하기까지 했다.

불순종은 하나님의 율법을 어기기 전에 먼저 그분과 맺은 언약적인 관계를 깨뜨리는 것이다. 하나님과 맺은 관계에 충실하지 않으면 불순종을 낳을 뿐 아니라 그 이상의 폐해를 초래한다. 참된 사랑은 경외심을 느낀다. 참된 사랑은 상대방에게 온전히 매료된다. 상대방이 자신을 위해 해주는 것은 무엇이든 기뻐하며, 그와 함께하는 삶을 선택한다.

결혼한 사람이라면 결혼식 전날 밤, 곧 내일이면 결혼하게 된다는 경이로움으로 한껏 설레던 날을 기억할 것이다. 결혼하고 나서도 한동안은 아침에 일어날 때마다 거듭 결혼에 대한 경이로움을 느꼈을 것이다. 그러나 안타깝게도 그 후에는 대부분 결혼에 대한 경이로움과 감사의 마음이 차츰 사라진다. 부부가 서로 상대방을 당연하게 여기고, 관계로 인한 축복을 잊기 시작한다. 결혼생활의 일상이 똑같이 되풀이되는 것이 싫증나고, 마음과 눈이 다른 곳을 향하게 된다. 그냥 독신으로 살았으면 어땠을까, 다른 사람과 결혼했으면 어땠을까 하는 생각이 떠오른다. 일상에서 마주치는 사람들 가운데 배우자를 대체할 만한 사람이 눈에 띄면 그 사람에게 경이로움을 느끼며 관심을 기울이게 된다. 자신이 가진 것 외에 다른 것을 갈망하기에 이르는 것이다.

그런 지경에 이르러 간음을 저지르고 싶은 생각이 몸과 마음을 지배한다면, 더 이상은 율법의 문제가 아니다. 결혼에 대한 경이로움, 즉 결혼과 관련된 경외심의 문제인 것이다. 감사와 행복감이 불만족과 불평으로 대체된다. 결혼의 한계를 넘고 싶은 유혹을 느끼는 것은 경외심을 상실했기 때문이다.

순종하지 않는 행위는 어떤 형태든 그런 특성을 지닌다. **불순종은 하나님과 맺은 결혼 서약, 곧 그분의 은혜로 맺어지고 서명되고 봉해지고 대가가 치러진 언약을 파괴하는 것이다.** 해서는 안 될 일이라고 생각하는 것을 하는 이유는 우리가 경외심을 상실했기 때문이다. 더 이상 하나님을 경외하는 마음을 느끼지 못하기 때문에 우리 마음이 방황하는 것이다. 그러면서도 우리가 여전히 경외심을 갈망하는 이유는 본래 그렇게 창조되었기 때문이다. 따라서 수직적 차원의 경외심을 잃게 되면 수평적 차원의 경외심을 찾게 마련이다. 연인들은 어떤 희생이 뒤따르더라도 사랑을 얻고 싶어한다. 우리가 하나님의 율법을 어기는 이유는 어길 수 있는 율법을 찾아서가 아니라 경외심을 망각하고 결코 우리를 만족시킬 수 없는 것에서 그것을 대신할 경외심을 찾으려고 해서다. 하나님이 정하신 한계를 넘어서는 이유는 우리에게 경외심을 되찾아줄 것이라고 생각하는 것을 얻으려고 하기 때문이다.

우리에게는 경외심을 일깨우는 시간이 필요하다

[1]하나님이 이 모든 말씀으로 말씀하여 이르시되 [2]나는 너를 애굽 땅, 종 되었던 집에서 인도하여 낸 네 하나님 여호와니라 [3]너는 나 외에는 다른 신들을 네게 두지 말라 [4]너를 위하여 새긴 우상을 만들지 말고 또 위로 하늘에 있는 것이나 아래로 땅에 있는 것이나 땅 아래 물속에 있는 것의 어떤 형상도 만들지 말며 [5]그것들에게 절하지 말며 그것들을 섬기지 말라 나 네 하나님 여호와는 질투하는 하나님인즉 나를 미워하는 자의 죄를 갚되 아버지로부터 아들에게로 삼사 대까지 이르게 하거니와 [6]나를 사랑하고 내 계명을 지키는 자에게는 천 대까지 은혜를 베푸느니라 [7]너는 네 하나님 여호와의 이름을 망령되게 부르지 말라 여호와는 그의 이름을 망령되게 부르는 자를 죄 없다 하지 아니하리라 [8]안식일을 기억하여 거룩하게 지키라 [9]엿새 동안은 힘써 네 모든 일을 행할 것이나 [10]일곱째 날은 네 하나님 여호와의 안식일인즉 너나 네 아들

이나 네 딸이나 네 남종이나 네 여종이나 네 가축이나 네 문 안에 머무는 객이라도 아무 일도 하지 말라 ¹¹이는 엿새 동안에 나 여호와가 하늘과 땅과 바다와 그 가운데 모든 것을 만들고 일곱째 날에 쉬었음이라 그러므로 나 여호와가 안식일을 복되게 하여 그날을 거룩하게 하였느니라 ¹²네 부모를 공경하라 그리하면 네 하나님 여호와가 네게 준 땅에서 네 생명이 길리라 ¹³살인하지 말라 ¹⁴간음하지 말라 ¹⁵도둑질하지 말라 ¹⁶네 이웃에 대하여 거짓 증거하지 말라 ¹⁷네 이웃의 집을 탐내지 말라 네 이웃의 아내나 그의 남종이나 그의 여종이나 그의 소나 그의 나귀나 무릇 네 이웃의 소유를 탐내지 말라(출 20:1-17).

십계명은 본질적으로 엄격한 순서를 따른다. 처음 네 계명은 모두 하나님께 대한 예배에 초점을 맞춘다. 이 네 계명은 무엇과도 타협해서는 안 되는 의무, 곧 날마다 마음에서 우러나는 헌신적인 태도로 하나님을 경외하며 살아가야 할 의무를 명시한다. 왜 그래야 하는가? 오직 하나님을 경외하는 마음이 우리 마음을 지배해야 삶에서 다른 모든 것이 제자리를 찾을 수 있기 때문이다. 하나님을 예배할 때에만 인내하며 기쁨으로 순종하는 삶을 살 수 있다. 예배는 이따금 한 번씩 드리는 의식이 아니라 우리의 본질을 규정하는 근간이다. 우리는 날마다 매순간 나름의 방식대로 무언가를 예배하며 살아간다. 따라서 마음을 드려 하나님을 예배하지 않는다면 다른 것을 예배할 수밖에 없다. 다른 것이 우리 마음을 사로잡으면, 우리가 바라고 생각하고 선택하고 말하고 행하길 바라는 것을 추구하게 마련이다. 하나님을 경외하는 마음이든 하나님이 창조하신 피조물을 경외하는 마음이든, 인간의 도덕적인 삶은 항상 경외심에 이끌리고 그것에 의해 형성된다.

한 가지 더 짚고 넘어가야 할 점이 있다. 넷째 계명은 우리가 다루는 내용과 관련해 특별히 흥미로운 내용을 전한다. "네 하나님 여호와의 안식일"을 지키라는 명령은 그 자체로 은혜로운 선물이다. **십계명은 하나님을 경외하는 마음에 근거하고 있을 뿐 아니라, 정기적으로 경외심을 재충전하기 위해 하나님이 정하신 날을 지키라고 요구한다.** 하나님은 우리가 경외심을 쉽게 망각하는 성향이 있다는 것을 잘 알고 계신다. 타락한 세상의 삶에서 날마다 경외심 쟁탈전이 일어나고 있다는 것도, 우리가 창조주를 경외하는 마음을 피조물을 경외하는 마음으로 대체하기를 좋아한다는 것도 매우 잘 아신다. 하나님을 경외하는 마음과 우리의 자아를 경외하는 마음이 끊임없이 싸움을 벌인다는 것을 알고 계신다. 하나님은 우리가 경배하는 마음과 경외심이 있어야만 순종할 수 있다는 것을 알고 계신다. 그분이 우리의 인성을 창조하신 창조주이시기 때문이다. 그래서 하나님은 일주일에 하루를 따로 구별해 잠시 일손을 멈추고, 개인이나 공동체에서 하나님을 경배하는 시간을 갖게 하신 것이다.

하나님의 백성이 함께 모인 자리에서 이루어지는 예배의 요소는 모두 경외심을 새롭게 불러일으키는 데 그 목적이 있다. 우리는 하나님의 영광과 은혜의 장엄함을 다시 상기시킬 수 있는 시간이 필요하다. 그분의 경이로운 권능과 지혜를 의식하고, 그분의 인내하심과 충실하심을 생각해야 한다. 그분의 흠 없는 거룩하심과 심판의 공의로움을 놀라워하고, 그분의 임재를 일깨워주는 경이로운 진리에 고무되며, 그분의 놀라운 주권 안에서 안식을 누려야 한다. 그리고 그분이 이 모든 것을 우리를 위해 은혜로 베풀어주신다는 것을 경이로워하는 마음이 있어야 한다. 하나님은 자신의 놀라운 영광을 우리에게 아낌없이 드러내신다. 경외심은 하나님이 어떤 분인지 상기시켜주는 데 그치지 않고, 우리의 정체성을 새롭게 규정해서 우리가 그분의 피조물이자 그분의 피로 값 주고 사신 자녀라는 사실을 상기시켜준다.

안타깝게도 우리는 하루도 거르지 않고 어떤 식으로든 불순종을 저지른다. 하나님이 정하신 지혜롭고 거룩한 한계를 의도적으로 넘어선다. 우리는 율법을 알고 있다. 그것이 지혜롭고, 우리를 유익하게 한다는 것도 알고 있다. 즉 우리가 불순종하는 이유는 무지해서가 아니다. 누군가에게 분노를 드러내며 마구 대들 때는 해서는 안 될 욕설을 퍼붓기도 한다. 그것이 잘못이라는 사실을 몰라서가 아니다. 그 순간에 그것이 잘못이라는 것을 생각하지 않기 때문이다. 그 순간, 우리가 우리 삶의 주인이 되어 스스로 규칙을 정한 것이다. 어떤 것을 원한다면 아무것에도 구애받지 않고 무작정 그것을 얻으려고 애쓴다. 우리의 문제는 율법이 아니다. 바로 경외심의 문제에서 율법의 문제가 생겨나는 것이다. 그런 순간에는 하나님이 우리 마음을 지배하시는 것은 고사하고 아예 그분을 생각조차 하지 않는다. 이것은 거실에서, 부엌에서, 침실에서, 아파트에서, 시장에서, 사무실에서, 자동차 안에서 날마다 일어나는 실질적인 싸움이다. "이미"와 "아직" 사이에서 경외심을 망각하고, 그것을 다른 것으로 대체하기 좋아하는 것이 바로 우리의 문제다.

따라서 우리는 지속적으로 하나님의 경이로운 영광을 상기해야 한다. 감사하게도 하나님은 그 점을 상기시켜주는 요소들을 피조세계에 마련해 두셨다. 문제는 우리가 그것을 감지하지 못한다는 것이다. 바라보기만 할 뿐 의식하지는 못한다. 의식하지 못하기 때문에 예배하지 않는 것이고, 예배하지 않기 때문에 순종하지 않는 것이다. 그래서 하나님은 참으로 은혜로우시게도 일주일에 하루를 따로 구별해 조용히 듣고, 보고, 생각하고, 예배할 수 있는 시간을 허락하셨다. 하나님은 새로운 확신, 믿음의 삶, 복음의 희망, 삶과 마음의 변화를 독려하는 경외심을 새롭게 느끼는 시간을 가지라고 요구하신다. 하나님은 우리가 정기적으로 그분 앞에 함께 모이기를 원하신다. 우리의 방황하는 마음이 얼마나 변덕스러운지 익히 알고 계시기 때문이다. 하나님이 어떤 존재인지를 의식하고 경외하지 않으면, 우리는 그분이 명령한 대로 살아갈 수 없다. 그리고 하나님은 이 사실을 잘 알고 계신다.

율법은 아무 능력이 없다

그렇다면 이제 우리에게 남은 것은 무엇일까? 우리에게는 주 예수 그리스도의 은혜 외에는 그 어떤 희망도, 변명도, 도움도 남아 있지 않다. 우리의 불순종이 율법의 문제라면 아마도 율법이 우리를 구원할 수 있을 것이다. 그러나 율법은 결코 우리의 불순종을 올바로 교정할 수 없다. 우리의 무법한 삶이 마음 깊은 곳에 뿌리를 내리고 있기 때문이다. 우리는 자신을 위해 살고, 스스로 규칙을 정하며, 하나님이 정하신 한계를 넘으려는 성향이 있다. 아울러 인간적인 노력으로도 우리의 부도덕함을 극복할 수 없기는 마찬가지다. 내게 있는 가장 큰 문제는 나 자신이고 내가 지닌 가장 큰 위험도 나 자신이지만, 내가 나 자신에게서 벗어날 수는 없기 때문에 내 힘으로는 잘못된 것을 바로잡을 길이 없다.

따라서 나는 도움이 필요하다. 나를 구원해 줄 구원자가 있어야 한다.

바울 사도는 이 점을 이렇게 표현했다. "율법이 육신으로 말미암아 연약하여 할 수 없는 그것을 하나님은 하시나니 곧 죄로 말미암아 자기 아들을 죄 있는 육신의 모양으로 보내어 육신에 죄를 정하사"(롬 8:3). 바울은 율법의 무력함과 육신의 연약함(악한 본성)이라는 두 가지를 언급한다. 나는 몹시 연약해서 나 자신을 도울 수 없으며, 율법도 나를 구원할 능력이 없다. 율법은 내 죄를 드러내고 하나님이 원하시는 삶이 무엇인지 알려줄 수 있지만, 나를 내 죄에서 구원할 힘은 없다.

행위에 근거한 도덕적 문제가 아니라 마음에 근거한 경외심의 문제가 곧 나의 문제라는 사실을 인정한다면, 단순히 행위를 고치는 것을 넘어서는 수단, 곧 구원자가 필요하다는 것을 깨달을 것이다. 기독교를 신학이나 도덕법의 체계로 축소시켜서는 안 된다. 신학이나 도덕법은 우리를 구원할 수 없다. 하나님은 그것들 자체를 목적으로 삼게 하지 않으셨다. 그것들은 목적을 이루는 수단일 뿐이다. 그것들의 존재 이유는 우리의 절박한 필요와 그리스도께서 이루신 사역의 충족성을 깨우쳐주어 간절한 믿음으로 그분 앞에 달려가 그분의 은혜에 희망을 걸고 그분을 경외하는 마음을 갖게 하는 것이다.

불순종은 율법의 문제이기 전에 경외심의 문제다. 따라서 우리에게는 구원자가 필요하다. 그런데 감사하게도 구원자가 세상에 오셨다. 우리를 위한 그분의 사역은 온전히 성취되었다. 그분께로 돌이키라. 그러면 경외심의 문제를 깨달을 수 있는 은혜와, 오직 그리스도를 통해 주어지는 희망을 발견할 것이다.

불평은 하나님의 장엄하심을 도외시하고
그분의 능력과 성품을 의문시한다.
하나님이 만물의 창조주이자 통치자시라는 것을 믿는다면,
상황에 대한 불평은 곧 하나님을 향한 불평이나 다름없다.
경외심의 상실이 말로 드러난 것, 그것이 곧 불평이다.

CHAPTER 7

증상 2 : 불평
경외심을 잃은 말

> 감사는 가장 고귀한 생각이다. 감사하는 것이 곧 행복이고,
> 그 행복은 경이로움을 느낄 때 더 커진다.
> _ G. K. 체스터턴[6]

지금부터 하려는 말에 기분이 좀 언짢을 수도 있다. 우리가 어떤 것에 대해 불평한다면 그 이유는 다음과 같은 문제 때문이 **아니다.**

경제적인 문제
장소 문제
상황 문제
사람들로 인한 문제
시련으로 인한 문제
공정함의 문제
건강 문제
교회 문제
결혼생활의 문제

직장 문제
부모로 인한 문제
삶의 어려움으로 인한 문제
이웃으로 인한 문제
타락한 세상으로 인한 문제

아마도 누구나 이런 문제들 가운데 한두 가지로 어려움을 겪고 있을 것이다. 그러나 이 문제들은 우리가 불평하는 근본적인 이유가 될 수 없다. 불평하는 우리의 성향은 이보다 더 깊은 차원에서 비롯한다.

간단히 요점을 밝히자면 우리가 불평하는 이유는 삶의 문제가 아닌 경외심의 문제를 안고 있기 때문이다. 우리의 문제는 지금 겪고 있는 어려움 때문이 아니다. 어떤 일을 바라보고 그것에 대처하는 방식은 근본적으로 하나님을 바라보는 관점에 좌우된다. 우리는 불평을 사소한 문제로 여기지만 이는 생각보다 훨씬 큰 문제일 수 있다. 잘 알고 있는 성경 일화를 살펴보자.

하나님의 백성, 불평의 강 앞에 서다

다음 말씀을 주의 깊게 읽어보라.

[19]우리 하나님 여호와께서 우리에게 명령하신 대로 우리가 호렙산을 떠나 너희가 보았던 그 크고 두려운 광야를 지나 아모리 족속의 산지 길로 가데스 바네아에 이른 때에 [20]내가 너희에게 이르기를 우리 하나

님 여호와께서 우리에게 주신 아모리 족속의 산지에 너희가 이르렀나니 [21]너희의 하나님 여호와께서 이 땅을 너희 앞에 두셨은즉 너희 조상의 하나님 여호와께서 너희에게 이르신 대로 올라가서 차지하라 두려워하지 말라 주저하지 말라 한즉 [22]너희가 다 내 앞으로 나아와 말하기를 우리가 사람을 우리보다 먼저 보내어 우리를 위하여 그 땅을 정탐하고 어느 길로 올라가야 할 것과 어느 성읍으로 들어가야 할 것을 우리에게 알리게 하자 하기에 [23]내가 그 말을 좋게 여겨 너희 중 각 지파에서 한 사람씩 열둘을 택하매 [24]그들이 돌이켜 산지에 올라 에스골 골짜기에 이르러 그곳을 정탐하고 [25]그 땅의 열매를 손에 가지고 우리에게로 돌아와서 우리에게 말하여 이르되 우리의 하나님 여호와께서 우리에게 주시는 땅이 좋더라 하였느니라 [26]그러나 너희가 올라가기를 원하지 아니하고 너희의 하나님 여호와의 명령을 거역하여 [27]장막 중에서 원망하여 이르기를 여호와께서 우리를 미워하시므로 아모리 족속의 손에 넘겨 멸하시려고 우리를 애굽 땅에서 인도하여 내셨도다 [28]우리가 어디로 가랴 우리의 형제들이 우리를 낙심하게 하여 말하기를 그 백성은 우리보다 장대하며 그 성읍들은 크고 성곽은 하늘에 닿았으며 우리가 또 거기서 아낙 자손을 보았노라 하는도다 하기로 [29]내가 너희에게 말하기를 그들을 무서워하지 말라 두려워하지 말라 [30]너희보다 먼저 가시는 너희의 하나님 여호와께서 애굽에서 너희를 위하여 너희 목전에서 모든 일을 행하신 것같이 이제도 너희를 위하여 싸우실 것이며 [31]광야에서도 너희가 당하였거니와 사람이 자기의 아들을 안는 것같이 너희의 하나님 여호와께서 너희가 걸어온 길에서 너희를 안으사 이곳까지 이르게 하셨느니라 하나 [32]이 일에 너희가 너희의 하나님 여호와를 믿지 아니하였도다 ³³그는 너희보다 먼저 그 길을 가시며 장막 칠 곳을 찾으시고 밤에는 불로, 낮에는 구름으로 너희가 갈 길을 지시하신 자이시니라 ³⁴여호와께서 너희의 말소리를 들으시고 노하사 맹세하여 이르시되 ³⁵이 악한 세대 사람들 중에는 내가 그들의 조상에게 주기로 맹세한 좋은 땅을 볼 자가 하나도 없으리라 ³⁶오직 여분네의 아들 갈렙은 온전히 여호와께 순종하였은즉 그는 그것을 볼 것이요 그가 밟은 땅을 내가 그와 그의 자손에게 주리라 하시고(신 1:19-36).

이 일화와 이스라엘 백성의 불평이 지니는 의미를 충분히 이해할 수 있도록 간단히 배경을 살펴보자. 이스라엘 백성은 지극히 높으신 하나님, 곧 온 우주의 창조주이자 만물의 주권적인 섭리자이신 하나님이 친히 선택하신 백성이다. 하나님은 그들을 애굽에서 구원하셨고, 광야를 지나는 동안 필요한 것을 모두 제공하셨다. 그분은 그들을 언약의 사랑으로 대할 것이며, 그들이 자기 백성이 될 것이고, 그들에게 땅을 허락하겠다고 약속하셨다. 전능하신 하나님은 그 백성이 약속의 땅을 향해 가는 동안 방해하는 모든 민족을 진멸하셔서 그들을 보호하셨다.

이제 남은 일은 요단강을 건너 하나님이 약속하신 것을 실제로 소유하는 것뿐이다. 따라서 그 강은 마땅히 승리에 이르는 관문이 되어야 했지만, 도리어 불평의 장소가 되고 말았다.

그들이 보낸 정탐꾼들은 그 땅을 살펴보고 그곳에서 자라는 풍요로운 열매를 가지고 돌아왔다. 그러나 그들은 다른 것도 함께 가지고 왔다. 바로 큰 두려움이다. 그들은 그 땅에 사는 족속이 이스라엘 백성보다 장대할 뿐 아니라 요새화된 성읍에 살고 있다고 보고했다. 겁에 질린 이스라엘 백성은 장막을 거두고, 하나님이 허락하신 땅을 취하려고 들지 않았다. 그들은 장막에 머문 채 "여호와께서 우리를 미워하시므로 아모리 족속의 손에 넘겨 멸하시려고 우리를 애굽 땅에서 인도하여 내셨도다"(신 1:27)라며 하나님을 향해 불평을 쏟아냈다.

이 말은 그들의 문제를 여실히 드러낸다. 이스라엘 백성의 문제는 장대한 족속이나 요새화된 성읍에 있지 않았다. "광야를 지나오다 보니 몸과 마음이 지쳤어. 하나님이 약속하신 땅을 싸워 뺏고자 하는 마음도 사라졌어"라는 이유도 아니었다. 그들이 쏟아낸 불평 밑바닥에는 경외심의 문제가 도사리고 있었다.

물론 그들에게 닥친 일은 자신들이 지닌 능력을 넘어서는 것이었다. 그들은 싸울 의욕을 상실했다. 그 땅을 소유하는 일은 결코 쉬워 보이지 않았다. 타락한 세상에서 살아가는 삶도 어렵기는 마찬가지다. 하나님은 내가 결코 마주치고 싶어하지 않는 어려움들을 섭리하신다. 이스라엘 백성의 불평은 눈앞의 상황이 아니라 하나님을 향한 것이었다. 찬양이 하나님의 경이로운 영광을 높이는 것이라면, 불평은 그분의 영광을 무참히 깎아내리는 것이다. 불평은 하나님의 장엄하심을 도외시하고 그분의 능력과 성품을 의문시한다. 하나님이 만물의 창조주이자 통치자시라는 것을 믿는다면, 상황에 대한 불평은 곧 하나님을 향한 불평이나 다름없다. 경외심의 상실이 말로 드러난 것, 그것이 곧 불평이다.

경외심이 없으면 하나님의 능력과 성품에 의문을 품을 수밖에 없다. 그렇기 때문에 내 힘으로 삶을 주관하려 들게 되고, 그러다 보면 하나님이 명령하신 것을 거역할 수밖에 없다. 이것이 요단강에서 일어난 일이다. 이스라엘 백성의 불평은 단순히 어려운 상황에 대한 불만이 아니라 깊은 신학적 의미를 지닌 도덕적 반역이었다. 이 일화를 이해했다면 신자의 불평을 결코 사소하게 치부할 수 없을 것이다. 본문은 하나님이 불평을 사소한 일로 여기지 않으신다는 것을 분명하게 보여준다. 하나님의 질책과 심판은 신속했다. 그들은 하나님을 의심했기 때문에 결국 약속의 땅에 들어가지 못했다. 참으로 큰 불행이었다. 이 일화를 중심으로 경외심의 문제를 좀 더 살펴보자.

희망을 좌우하는 질문 다섯 가지

하나님을 바라보는 관점은 상황을 바라보는 관점에 지대한 영향을 끼친다. 신학은 삶을 바라보는 렌즈와 같다. 우리는 결코 중립적인 위치에서 상황을 바라볼 수 없다. 하나님을 경외하는 마음이 있거나 경외하는 마음이 없는 상태에서 상황을 바라볼 수밖에 없다. 그런 점에서 우리도 이스라엘 백성처럼 늘 다섯 가지 신학적 질문을 제기하거나 그 질문에 대답해야 할 처지에 놓여 있다. 그 질문들에 어떻게 대답하느냐에 따라 희망을 가질 수도 있고 두려움에 떨 수도 있다.

우리는 날마다 그 질문들에 어떻게든 대답해야 한다. 우리의 일상생활은 신학적인 대답을 요구한다. 그런 점에서 일상생활에서 이루어지는 신학적 사고는 형식적인 신학적 개념보다 우리 삶에 훨씬 큰 영향을 끼칠 수밖에 없다. 분명한 의식을 가지고 신학적 개념을 언급하며 믿음으로 받아들이는 진리와, 무의식 속에서 이루어지는 신학적 사고는 차이가 크다. 형식적인 신학의 관점에서 바라보는 하나님과, 일상을 살아가며 의식하지 못하는 사이에 생각하는 하나님은 서로 크게 다르다. 목회자든 컴퓨터 프로그래머든 사무실 직원이든 학생이든 설비공이든 누구나 날마다 다음과 같은 중요한 신학적 질문을 묻고 대답하며 살아간다. 그런 질문과 대답은 항상 수직적 경외심을 느끼는 상태에서, 아니면 경외심을 망각한 상태에서 이루어진다.

1. **하나님은 선하신가?** 우리는 하나님의 선하심에 의문을 품을 때가 많다. 하나님은 영원의 눈으로 모든 일의 처음과 끝을 온전히 꿰뚫어 보신다. 하나님은 이러한 관점에서 선을 바라보지만, 관점이 제한된 우리에게는 그 선함이 늘 선하게 보이지만은 않는다. 그래서 우리는 하나님이 우리보다 잘 알고 계시고, 시련을 통해 우리를 유익하게 하실 수 있다는 것을 인정하길 주저한다. 우리는 선한 것과 관련해 묵묵히 하나님의 뜻을 따르려고 하지 않는다. 이 문제의 중심에도 경외심의 문제가 놓여 있다. 하나님은 우리에게 경외심을 느낄 수 있는 능력을 주셨다. 그러나 그것을 잘못 사용해서 하나님을 경외하는 마음이 자아를 경외하는 마음으로 대체되는 순간, 우리는 하나님이 항상 선하신 것은 아니라고 결론짓고 많은 불평을 쏟아낸다.

내가 중심에 서 있으면 편안하고, 즐겁고, 자연스럽고, 쉽고, 예측할 수 있는 것만 선으로 규정할 수밖에 없다. 우리는 안락한 삶을 선한 삶으로 규정한다. 하나님을 경외하는 마음, 곧 우리 삶에 동기를 부여하는 가장 중요한 요인을 자아를 경외하는 마음으로 대체했기 때문이다. 따라서 시련이 찾아오면 "하나님이 이런 일을 하시는 이유가 뭐지?"라는 의문이 생기면서 그분의 선하심을 의심하게 된다.

나는 사역 초창기에 목회 상담을 하면서 많은 사람이 하나님께 분노하는 것을 보고 매우 당혹스러웠다. 더 이상 하나님이 선하시다고 생각하지 않는 사람이 상당히 많은 것을 알고는 깜짝 놀라지 않을 수 없었다. 그런 생각은 치명적인 결과를 낳을 수 있다. 이 책에서나 다른 곳에서 언급한 것처럼, 하나님의 선하심을 의심하면 더 이상 그분의 명령을 따르지 않게 된다. 더 이상 하나님을 의지하거나 따르거나 신뢰하지 못하기 때문에 그분 앞에 달려가 도움을 구할 수가 없다. 그러나 하나님은 선하시다.

하나님의 선하심은 그분의 놀라운 속성 가운데 가장 근본적인 것이다. 하나님은 악한 것을 생각하거나 바라거나 말하거나 행하지 않으신다. 그분은 옳고, 선하고, 참된 것의 대명사이시다. 그분이 하시는 일은 무엇이든 온전히 선하다. 하나님의 선하심은 몹시 찬란하고 영광스러워 우리를 놀라게 하고 온전히 매료시켜 침묵하게 만든다. 하나님의 선하심을 경이로워하면 어려운 때에도 두려워하지 않고, 그분이 힘든 일을 명령하시더라도 기꺼이 복종할 것이다.

내 잣대로 하나님을 판단하거나 그분의 선하심을 의심한 적이 없었다면 참 좋으련만, 그러지 못했다. 나는 3년 동안 나이든 아버지를 모시고 살았다. 아버지의 죄는 우리 가족에게 큰 해악을 끼쳤다. 나를 통해 아버지가 죄를 고백하고 회개하기를 바랐지만 그런 일은 일어나지 않았다. 어느 날 아버지는 우리 집 계단에서 넘어지셨고, 잠시 혼수상태에 빠졌다가 결국 세상을 뜨셨다. 내 관점에서 생각하면 아버지를 모신 일은 전혀 선한 것이 없어 보였다. 온통 무익한 일처럼 보였다. 그런 생각 때문인지, 병원 엘리베이터 안에서 솟구치는 분노를 억누를 수가 없었다. 혼자가 된 것이 오히려 기뻤다. 그러나 분노에 사로잡혀 하나님의 선하심을 의심하는 나 자신을 의식하자 두려워졌다. 비록 한순간이었지만, 내가 하나님보다 잘 알고 나의 "선함"이 나를 향한 하나님의 선하심보다 낫다고 생각한 것이 참으로 부끄러웠다.

자신은 어떤지 스스로 생각해 보라. 하나님의 선하심을 경외하는 마음으로 삶을 이해하려고 애쓰는가, 아니면 어려움을 당했다는 이유로 그분의 선하심을 의심하는가?

2. 하나님이 과연 약속하신 것을 이루시는가? 삶에서 이보다 중요한 질문은 없을 것이다. 우리는 모두 부족하고 연약하며 한 치 앞도 내다보지 못한다. 게다가 하나님은 우리에게 어려움과 희생이 뒤따르는 일을 요구하신다. 그렇기 때문에 더욱 그분의 약속이 과연 믿을 만한지를 알고 싶어한다. 하나님이 정말 늘 우리와 함께 계실까? 우리에게 필요한 모든 것을 허락해 주실까? 우리가 무슨 죄를 짓더라도 하나님은 용서를 베푸실까? 하나님의 사랑은 영원히 지속될까? 하나님은 은혜의 사역이 다 이루어질 때까지 그 사역을 계속 이어가실까? 하나님은 우리에게 필요한 보호와 인도하심을 허락하실까?

하나님의 약속은 우리를 움직이며 우리에게 동기를 부여한다. 그분의 약속은 희망과 용기를 주고, 외로움과 무능력함과 두려움을 극복할 수 있게 도와준다. 또한 주변 상황이 혼돈스럽고 어지러울 때 마음의 평화를 가져다준다. 하나님의 약속은 경탄을 자아내고 마음을 안정시킨다. 이것은 우리에게 주시는 은혜의 선물이다. 우리의 공로로는 하나님이 허락하신 풍성한 은혜를 얻을 수 없다. 하나님의 약속은 그분을 경외하며 그 은혜의 영광을 높이 찬양하게 만든다. 그 약속은 삶을 해석하고 이해할 수 있게 도와준다.

안타깝게도 하나님의 약속을 더 이상 믿지 않는 탓에 영적 마비 상태에 빠져든 신자가 적지 않다. 그들은 하나님이 자녀들에게 요구하시는 혁신적인 일을 계속 이루어나가야 할 이유를 발견하지 못한다. 그들이 그분의 약속을 믿지 않기 때문이다. 의심이 경외심을 대체하면 신앙생활에 필요한 영적 훈련을 포기하게 마련이다. 문제는 삶이 어렵다는 데 있지 않다. 한때 삶의 방식을 이끌어주던 약속을 허락하신 하나님을 경외하는 마음이 사라진 데 있다.

하나님의 경이로운 약속을 믿고 용기와 희망을 가지는가? 아니면 약속의 신뢰성을 의심하는 늪에 빠져 방황하고 있는가?

3. 하나님이 모든 것을 다스리시는가? 중요하고도 근본적인 이 질문에 우리의 경외심이 좌우된다. 어떤 면에서는 다른 질문들 모두 이 한 가지 질문에 의존한다. 하나님이 자신의 선하심을 거스르는 요인들을 통제하지 못하신다면 삶에서 선한 것을 기대하기는 어려울 것이다. 하나님이 허락하신 약속의 신뢰성도 그분의 통제 능력에 달려 있다. 하나님이 온전히 다스리실 수 있어야만 자신이 원하시는 일을 그 뜻대로 이루실 수 있다. 전능하시지만 그 능력을 발휘할 권위가 없다면 무슨 소용이겠는가? 반드시 보살펴주셔야 하는 상황을 다스리지 못하신다면 하나님이 주권자시라는 사실을 알고 있더라도 전혀 위로가 되지 않을 것이다. 하나님의 경이로운 속성에서 비롯하는 위로는 모든 상황과 장소, 사람을 온전히 다스리는 그분의 주권에 달려 있다.

그러나 문제가 있다. 겉보기에 우리가 살고 있는 세상은 지혜롭고 신중한 통제 아래 놓여 있는 것처럼 보이지 않는다는 것이다. 사실 완전히 통제를 벗어난 것처럼 보일 때가 적지 않다. 이런 현실은 우리에게 다음과 같은 질문을 던진다. "우리가 상황을 어떻게 해석하느냐에 따라 하나님의 존재와 성품을 규정하는가, 아니면 하나님의 자기 계시를 통해 우리의 상황을 해석하려고 하는가?" 두려움에 사로잡혀 사는 사람들, 곧 "……라면 어땠을까?"라는 질문을 너무 많이 떠올리며 사는 사람들이나 생각을 멈추지 못해 밤잠을 설치는 사람들의 문제는 상황이 아니다. 그들은 경외심의 문제를 안고 있다. 하나님이 자신의 영광과 우리의 유익을 위해 모든 상황을 통제하신다는 것을 알고 경외해야만 우리 힘으로 통제할 수 없는 상황에서도 안심할 수 있다.

자기 힘으로 통제하기를 원하는 사람들은 권력의 문제가 아니라 경외심의 문제를 안고 있다. 권력의 문제는 경외심에서 비롯한다. 하나님의 주권을 경외하지 않으면 자신의 통제력을 통해 개인적인 평화와 안전을 확보하려 들게 마련이다.

자신은 어떤지 생각해 보라. 스스로 통제하려는 욕망을 버리고 하나님의 무한한 주권을 경외하여 두려움에서 벗어난 삶을 살고 있는가?

4. 하나님은 과연 필요한 능력을 지니셨는가? 하나님의 능력을 어떻게 측량할 것인가? 비천하고 미미한 인간의 생각으로 어떻게 한계가 없는 것을 이해할 수 있을까? 성경은 하나님이 죽은 자 가운데서 그리스도를 살리신 능력으로 우리를 대하신다고 말한다. 그리스도의 부활은 궁극적인 능력의 실체를 여실히 보여준다. 죽은 육체에 생명을 불어넣

는 것보다 강력한 능력이 무엇인가? 죽은 자를 살려 걷게 만드는 것보다 뛰어난 능력이 어디 있겠는가? 죽음만큼 인간을 무기력하게 만드는 것은 없다.

사랑하는 사람의 죽음을 겪어보았다면 죽음이 어떤 것인지 잘 알 것이다. 어머니가 돌아가셨을 때 나는 침대 곁을 떠나지 못한 채 "한 번만 더 대화를 나눠봤으면" 하고 바랐다. "아들아, 사랑한다"라고 말씀하시는 어머니의 목소리를 한 번만 더 들어봤으면, 어머니가 내 손을 꼭 잡고 "잘될 거야"라고 말하는 소리를 한 번만 더 들어봤으면 바랄 것이 없을 것 같았다. 그렇게 되기를 간절히 바랐지만 어머니는 세상을 뜨고 말았다. 죽음 앞에서 나는 너무나도 무력했다. 내가 할 수 있는 일은 아무것도 없었다.

하나님의 능력은 삶과 죽음을 모두 다스릴 만큼 엄청나다. 이것이 왜 중요한가? 하나님의 경이로운 능력을 경외할 때, 우리는 우리의 약점과 실패, 결점과 무능력에도 마음의 평화를 누릴 수 있다. 하나님의 경이로운 능력이 우리와 함께한다는 것을 알아야만 우리의 타고난 능력으로는 감히 할 수 없는 일도 할 수 있다. 하나님의 능력을 경외할 때, 연약함 가운데서도 용기를 낼 수 있으며 자신의 한계를 겸손히 인정하고 용기와 희망을 품을 수 있다. 소심함, 두려움, 물러섬, 회피, 변명, 도망은 근본적으로 연약함의 문제가 아니다. 경외심의 문제다. 나와 함께하시는 하나님이 눈앞에 있는 것보다 위대하시다는 것을 알면 나보다 강한 것에 담대히 맞설 수 있다.

자신은 어떤지 생각해 보라. 믿음이 아닌 두려움 때문에 하는 일이 얼마나 많은가? 자신의 연약함에 휩싸여 무력하게 처신할 때가 얼마나 많은가? 하나님의 능력을 경외하여 담대하고 용기 있는 삶을 살고 있는가?

5. 하나님은 나를 돌보시는가? 아마 우리 모두 이 질문에 큰 관심을 기울일 것이다. 이것은 힘센 친구들에게 위협당하는 십 대 청소년들이 흔하게 묻는 질문일 것이다. 결혼생활이 불행해지는 것을 지켜보는 아내, 자녀들과 매우 힘든 하루를 보내고 피곤에 지친 부모, 외로운 독신 여성, 막 직장을 잃은 남자, 슬퍼하며 교회를 떠난 뒤 방황하는 사람, 노쇠 현상으로 고통받는 노인, 오랫동안 투병해 온 사람, 주변 문화가 점점 추잡하고 사악하게 변해가는 것을 지켜보는 사람도 이 질문을 떠올린다.

하나님의 돌보심은 그분의 근본적인 속성이다. 우리는 하나님의 돌보심을 통해 그분을 알고, 그분이 나를 위하신다는 것을 알 수 있다. 하나님의 돌보심은 그분이 **내게** 선을 베푸실 것이고, 그분이 약속하신 것을 **나를 위해** 이루실 것이며, **나를 위해** 모든 것을 섭리하시고, **나를 위해** 그 놀라운 능력을 보이실 것을 확신하게 해준다. 돌보시는 하나님을 경외한다면 하나님의 다른 속성들 가운데서 발견되는 희망을 받아들일 수 있다.

성경은 하나님의 돌보심을 논하지 않는다. 하나님이 돌보신다는 것을 전제하고, 분명하게 선언한다. 하나님의 돌보심은 그분의 무한히 너그러운 본성, 곧 그분의 긍휼, 사랑, 인내, 관용, 은혜, 친절, 신실함을 깨우쳐준다. 하나님은 궁극적인 사랑을 지닌 아버지이시다. 온전히 충실하신 친구이자, 형제보다 가까운 분이다. 하나님은 무슨 일이 있더라도 우리를 결코 떠나지 않으신다. 우리만 홀로 보내시는 법이 없다. 하나님은 우리의 보호자이자 인도자요, 방어자이자 교사이며, 구원자이자 치유자이시다. 우리 죄를 이용해 우리를 짓밟지 않으시고 도리어 용서를 베푸신다. 편파적이지 않으시고, 절대 우리를 버리지 않으시며, 지치는 법이 없으시고, 포기하거나 뒤로 물러서기를 원하지 않으신다. 하나님은 우리를 희롱하지 않으시며, 우리에게 충실하시다. 그분의 돌보심은 우리가 삶에서 경험하는 그 무엇과도 비교할 수 없을 만큼 놀랍고 완전하다. 하나님은 우리를 돌보신다!

자신은 어떤지 생각해 보라. 하나님의 돌보심을 의심하며 좌절에 빠져 불평을 일삼고 있지는 않은가? 우리의 희망은 하나님의 돌보심을 얼마만큼 경외하느냐에 따라 그 크기가 달라진다.

모든 불평과 불만은 신학적 차원을 지닌다. 우리의 문제는 "행복한 삶"을 살지 못하는 데 있지 않다. 사람들이 우리를 실망시키고, 삶이 어렵다는 것이 아니다. 이 모든 일은 우리가 타락한 세상에 살고 있기 때문에 일어난다. 우리의 만족이 삶의 즐거움과 위로와 편안함에 달려 있다면, 이 세상에서는 결코 만족을 얻을 수 없을 것이다. 우리가 많은 불평을 쏟아내는 것은 수평적인 문제가 아니라 수직적인 문제를 안고 있기 때문이다. 하나님을 경외하는 마음이 우리를 사로잡으면, 사람들이 우리를 실망시키고 삶이 어렵더라도 기뻐할 수 있다. 경외한다는 것은 욕구를 느끼기보다는 축복을 감사하는 마음이 더 크다는 것이다. 경외심을 느끼면 끊임없이 욕구를 느끼며 불만스러워하기보다 주어진 것에 감사하며 살아갈 수 있다. 경외심은 감사를 낳고, 감사는 기쁨을 낳고,

기쁨은 만족을 가져다준다.

　내일도 우리는 불평하며 살아갈 가능성이 높다. 불평하고 싶은 마음이 생기거든 구원자이신 주님께 도움을 구하라. 오직 그분만이 우리 눈을 열어 자신의 영광을 보게 하실 수 있다. 오직 그분의 은혜만이 우리의 마음을 만족시킬 수 있다. 주님께 부르짖을 때는 그분이 우리의 간구를 결코 외면하지 않으신다는 사실을 꼭 기억하라. 그만큼 그분은 참으로 은혜로우시다.

우리는 피조물이 우리의 개인적인 메시아가
되어주기를 바라고 그것을 열심히 추구한다.
우리는 소유나 결혼생활, 직업,
새로운 경험이나 장소에 관심을 기울이지만
마음은 늘 공허하기만 하다.
이사야는 그런 우리를 향해 묻는다.
"너희가 어찌하여 배부르게 하지 못할 것을 위하여 수고하느냐."

CHAPTER 8

증상 3 : 물질주의
경외심을 잃은 욕구

비전이란 보이지 않는 것을 보는 기술이다.
_ 조나단 스위프트[7]

유명 브랜드의 스니커즈 운동화

고급 스포츠카

최상품 소고기

해외여행

고급스럽게 리모델링한 부엌

웅장한 교외 전원주택

값비싼 시계

멋진 드레스

성형한 코

탄력 있는 몸매

일회용 문신

신중하게 모은 골동품

깔끔하게 손질된 잔디
60인치 평면 텔레비전
화려한 결혼식
아름다운 정원
우아한 도자기 그릇

이 목록은 어떤 공통점이 있을까? 이것이 이 책과 무슨 관계가 있을까? 언뜻 이 목록은 물질적인 것 몇 가지를 아무렇게나 나열해 놓은 것처럼 보인다. 그 자체로는 모두 전혀 나쁘지 않지만, 이 목록은 물질세계에 살고 있는 우리 가운데 많은 사람이 안고 있는 커다란 문제를 여실히 보여주고 있다. 물론 아름다운 물건을 모두 내버려야 한다고 말하려는 의도는 조금도 없다. 그러나 물질주의는 우리 마음을 좀먹고, 우리의 시간과 정력, 삶의 자원을 헛되이 소모시키는 경향이 있다. 날마다 대하는 물질세계와 관계를 맺을 때, 우리는 뭔가 중요한 것을 빠뜨릴 수 있다.

문제는 우리를 매료시키고 중독시키며, 우리 삶을 좀먹는 물질에 있지 않다. 물질을 대하는 우리의 태도가 문제다. 이 때문에 우리가 자신의 욕망을 다스리지 못하고 끊임없이 물질을 추구하며 그것에서 만족을 얻으려고 하는 것이다.

우리는 모두 생명을 갈망한다

이미 충분히 가졌는데도 끊임없이 더 많은 것을 소유하려고 애쓰는 이유는 무엇일까?

왜 그토록 다른 사람들이 가진 것을 시기하는 것일까?

건강을 유지하는 데 필요한 만큼만 먹지 않고 왜 더 많이 먹으려고 하는 것일까?

가족이 살기에 적당한 주택보다 더 큰 집에 살고 싶어하는 이유는 무엇일까?

외모와 몸매에 왜 그토록 집착할까?

첨단 의학에 의존하면서까지 늙는 것을 피해 보려고 하는 이유는 무엇일까?

어째서 빚을 지고 사는 사람이 그토록 많을까?

옷장에 옷이 차고 넘치는데도 왜 입을 옷이 없다고 불평할까?

왜 그렇게 자주 외식을 하는 것일까?

휴가에 시간과 돈을 그토록 많이 쏟아 붓는 이유는 무엇일까?

옳지 못한 성행위에 유혹을 느끼는 사람이 왜 그렇게 많을까?

도대체 이유가 무엇일까?

나는 물질주의의 근원이 소유욕의 문제가 아니라 경외심의 문제라고 확신한다. 우리가 소유욕을 통제하지 못하는 이유는 엉뚱한 데 경외심을 느끼기 때문이다. 우리가 만족하지 못하는 이유는 만족을 가져다주는 수직적 경외심이 우리 마음속에서 하나님이 본래 의도하신 대로 기능하지 못하기 때문이다. **오직 하나님을 경외하는 마음이 마음속에서 제자리를 차지해야만 우리 주위에 있는 물질도 삶에서 제자리를 되찾을 수 있다.**

이제부터는 영적 역학 관계의 기본 원리 몇 가지를 중심으로 물질에서 비롯한 문제를 간단히 진단해 보자.

1. **모든 사람은 생명을 찾으려는 본성이 있다.** 이 본성은 우리 안에 깊이 뿌리내리고 있다. 하나님은 우리를 자기와 교제할 수 있는 영적 존재로 창조하셨다. 따라서 우리는 모두 저마다 열심을 다해 생명을 찾으려고 노력한다. 만족, 충만, 기쁨, 희망, 용기, 의미, 목적, 아침에 잠자리에서 일어나야 할 이유, 마음의 평화, 옳은 길을 가고 있고 옳은 일을 하고 있다는 확신, 성취감, 안전감, 행복감, 두려움과 공포에서 벗어나는 자유, 정체성을 추구한다. 간단히 말해 우리는 생명을 찾는다. 생명을 찾는 길은 오직 두 가지뿐이다. 창조주 하나님을 바라보거나, 그분이 창조하신 피조물 가운데서 찾는 것이다. 그러나 한 가지는 분명하다. 모든 사람은 생명을 찾는다.

2. <u>우리는 생명을 줄 만한 것을 경외한다.</u> 우리가 느끼는 경외심의 중심에는 늘 생명을 찾으려는 욕구가 숨어 있다. 우리는 우리에게 경외심을 줄 것이라고 생각하는 것에 매료되고 지배되며, 그것을 경외하는 성향이 있다. 여자가 자신과 결혼할 남자를 경이로워하는 것은 그가 생명, 곧 자신이 이전에 전혀 알지 못하던 삶을 가능하게 해줄 것이라고 생각하기 때문이다. 사람들이 새 직장을 경이로워하는 것은 자신이 늘 갈망해 온 "행복한 삶"을 누리는 데 필요한 것을 그곳에서 얻을 수 있을 것이라고 확신하기 때문이다. 부부가 새로 장만한 집의 대문을 열면서 흥분을 감추지 못하는 것은 그곳에서 삶을 찾고, 또 삶을 꾸려나갈 수 있을 것이라고 생각하기 때문이다. 이제 막 프로 입단 계약서에 서명

한 운동선수는 어쩔 줄 모를 만큼 몹시 기뻐한다. 그가 항상 꿈꿔온 일이 이루어졌기 때문이다. 어느 부유한 사업가는 지난 몇 년 동안 자신이 이룬 성공을 마음껏 즐기느라 몸무게가 크게 늘어났다. 하레크리슈나교의 신자가 된 사람이 크게 기뻐하는 것은 마침내 생명에 이르는 길을 발견했다고 생각하기 때문이다. 노인이 우울해하며 불평하는 이유는 생명이 다해가는 것을 느끼기 때문이다. 십 대 청소년이 아직 미성숙한 상태라 조금은 불안해하면서도 부모가 정해 놓은 규칙을 어기는 이유도 생명을 찾으려고 하기 때문이다. 이혼한 여성은 배우자의 불륜으로 자신에게서 삶이 사라졌다는 사실에 망연자실해한다. 어떤 부부는 삶을 찾기 위해 또다시 신용카드로 많은 돈을 쓴다. 우리 가운데 많은 사람이 날마다 울타리 너머로 다른 사람의 삶을 기웃거리며 부러워하는 것은 그들이 행복한 삶을 찾았다고 생각하기 때문이다.

  신분, 거주지, 성별, 나이와 상관없이 모든 사람은 생명을 찾았다고 생각하든 생명을 찾고 있든 둘 중 하나다. 우리는 우리에게 생명을 줄 것이라고 생각하는 것을 경외하는 성향이 있다. 하나님은 우리에게 생명을 찾으려는 본성을 허락하셨다.

3. 물질은 생명을 찾는 수단으로 적절하지 못하다. 우리는 모두 매일, 매 순간 경외심을 잃는 잘못을 저지른다. 이 불행한 잘못이 이 책 전반에 걸쳐 다뤄지고 있는 주제다. 그래서 우리가 영적으로 공허하고 끊임없이 불만족스러워하면서 물질로 우리 마음을 채우려고 애쓰는 것이다. 불안해하며 우울해하는 이유, 감사하기보다 시기하기를 더 좋아하는 이유, 대체로 불행하게 살아가는 이유, 매번 뭔가 위대한 것을 끊임

없이 찾으려고 노력하는 이유도 마찬가지다. 우리는 수직적 차원에서만 발견할 수 있는 것을 수평적 차원에서 찾으려고 애쓰는 잘못을 저지르고 있다. 물질이 우리의 경외심을 사로잡고 삶을 지배하는 이유는 우리에게 결코 줄 수 없는 한 가지, 곧 생명을 물질에서 얻으려는 잘못을 저지르기 때문이다. 나는 종종 사람들에게 "세상은 우리를 구원할 수 없다"고 말한다. 신학적으로는 그 점을 잘 알고 있지만 일상생활에서는 쉽게 방향을 잃고 헤매게 되는데, 그럴 때마다 우리는 "……만 있으면 내 삶이 ……할 텐데"라고 자주 되뇌는 것이다.

하나님이 물질을 허락하신 이유

이제 우리는 하나님이 물질을 허락하신 목적을 기억해야 한다.

1. **물질은 생명 유지에 필요한 것을 제공한다.** 물질세계가 없으면 우리는 생존할 수 없다. 주위에 있는 동식물은 양분을 제공해 우리의 건강을 유지시켜주고, 지구의 물은 수분을 공급한다. 공기가 있어서 우리는 숨을 쉬고 생명을 유지한다. 물질은 안식처와 따뜻함을 제공하고, 우리를 보호하며 기쁘게 한다. 물질은 몸을 덮을 것과 눈을 가릴 것을 제공한다. 우리를 질병에서 보호하고, 감염된 질병을 치유하도록 도와준다.

물질세계를 증오하며 되도록 거리를 두려고 애쓰는 것은 물질을 대하는 올바른 태도가 아니다. 오히려 우리는 하나님이 무한한 지혜와 사랑으로 우리의 생명 유지에 필요한 물질을 허락하신 것에 감사해야 한다.

우리가 하나님을 무시하고 그분께 화를 내며 그분의 뜻을 거역할 때도 하나님은 우리의 생명을 유지하는 데 필요한 물질을 제공하신다. 우리는 이런 사실을 통해 드러난 하나님의 은혜를 경이롭게 여겨야 마땅하다. 사실 우리는 이 땅의 물질을 통해 생명을 유지할 수 있는 권리가 없다. 그것은 하나님이 우리 모두에게 허락하신 좋은 선물이다. 물질세계는 하나님의 영광을 드러낼 뿐 아니라 우리 육체에 필요한 것을 제공하기 위해 창조되었다.

2. 물질은 우리를 기쁘게 한다. 물질세계를 저주하는 것은 성경적인 믿음이 아니다. 성경적인 믿음은 쾌락을 반대하지 않는다. 하나님은 영광스럽고 아름답고 즐거운 세상을 창조하셨다. 아름다운 석양과 얼룩말의 화려한 외피를 생각해 보라. 새들의 아름다운 노랫소리를 들어보라. 음식이 지닌 다양한 색깔과 질감과 맛을 떠올려보라. 위대한 미술 작품을 보고 있거나 유명한 음악을 듣고 있다고 상상해 보라. 아름다운 나뭇결과 대리석의 기기묘묘한 문양을 생각해 보라. 입맞춤의 쾌감이나 즙이 많은 잘 익은 과일을 생각해 보라.

하나님은 우리가 날마다 다양하게 기쁨을 누릴 수 있도록 이 세상을 창조하셨다. 또한 즐거움을 느낄 수 있도록 우리의 육체와 감정을 창조하셨다. 눈, 코, 입, 귀, 손, 생각, 감정을 통해 우리는 하나님이 물질세계에 간직해 두신 쾌락을 느낄 수 있다. 하나님은 아무 맛도 없는 회색 알약을 먹고 살도록 우리를 창조하시지 않았다. 그분은 놀라운 창의력을 발휘해 다양한 음식을 섭취할 수 있게 하셨다. 우리가 느끼는 냄새와 맛, 색깔과 질감은 거의 무한정에 가까울 만큼 다양하다. 음식을 먹는 것은 생존하기 위해서만이 아니다. 음식을 먹으면서 우리는 인생의 가장 큰 즐거움을 누릴 수 있다.

하나님이 창조하신 물질세계의 즐거움을 추구하고 느끼고 즐긴다고 해서 죄책감을 느낄 필요는 전혀 없다. 우리가 경계해야 할 것은 그런 즐거움을 경외하는 것을 마음의 가장 중요한 동기로 삼는 것이다. 물질세계에 대한 경외심이 우리 마음을 지배하면 물질을 위해 살게 된다. 그렇게 되면 우리는 물질을 얻고 유지하고 지키고 즐기는 일에만 관심을 집중할 수밖에 없다. 예수님은 마태복음 6장 19-33절에서 이 점을 가르치셨다(잠시 책 읽기를 멈추고 그 구절을 찾아 읽으면 유익할 것이다). 그런 물질적인 태도는 도덕적으로 위험할 뿐 아니라 우리가 창조된 목적을 어기는 것이다. 물질에 대한 탐욕이 우리 마음과 삶의 방식을 지배하는 것은 결코 바람직하지 않다.

이 모든 것은 죄 때문이다. 죄는 하나님을 경외하는 마음을 피조물을 경외하는 마음으로 바꾸도록 유도한다. 우리는 영적 갈망을 물질로 해결하려고 애쓴다. 물질의 소유 정도를 우리 자신과 삶의 행복을 평가하는 척도로 삼는다. 입으로는 하나님을 사랑한다고 말하지만 삶은 온통 물질적인 만족을 추구하는 데로 집중된다. 가지고 있는 것을 염려하고, 가지지 못한 것을 시기한다. 많은 것을 소유하고 있으면서도 늘 부족하다고 느낀다. 많은 것을 소유하고 있으면서도 항상 더 많이 가지려고 애쓴다. 우리는 주는 것보다 받는 것을 훨씬 좋아한다. 경제활동을 하면서 아무리 돈을 많이 벌어도 삶을 유지하기에는 늘 수입이 턱없이 부족한 것 같다. 빚을 지고 살면서도 소비를 멈추지 않는다. 소유한 것이 너무 많아 쌓아둘 공간이 부족하면 창고를 빌려가면서까지 물건을 쌓아놓는다. 몸은 살찌고, 이런저런 것에 중독되고, 빚만 늘어나는데도 멈추지 않는다. 물질에 대한 집착은 우리 삶에 어려움과 고통을 안겨준다. 그러면 우리는 앞으로 잘해 보자고 생각하고 새로 예산을 세워 잠시 거기에 맞춰 산다. 일시적으로 다이어트도 하고, 안 쓰는 물건을 내다 팔기도 한다. 그러나 그런 노력은 그리 오래가지 못한다. 우리 내면 깊은 곳에 창조주보다 피조물을 더 소중히 여기는 성향이 도사리고 있기 때문이다.

물질적인 쾌락은 회심이 이루어진 "이미"의 때와 본향으로 돌아가게 될 "아직"의 때 사이에서 일어나는 가장 중요한 영적 싸움이다. 이 영적 싸움이 날마다 우리 삶에서 사납게 휘몰아치고 있다. 그런 싸움이 일어나는 이유는 우리가 쾌락의 문제를 안고 있어서가 아니라 경외심의 문제를 안고 있어서다. 쾌락의 문제는 경외심의 문제에서 비롯한다. 삶에서 피조물을 경외하는 마음이 창조주를 경외하는 마음을 대체하면, 물질을 추구하는 열정과 욕망을 통제하기가 어렵다. 우리가 물질에 중독되는 이유는 경외심이 대체되었기 때문이다. 오직 하나님을 경외하는 마음이 우리 마음을 지배해야만 물질세계를 통해 얻는 즐거움을 올바로 누릴 수 있다.

거듭 강조하자면, 하나님은 이 싸움을 위해 우리에게 은혜를 허락하신다. 하나님의 은혜는 우리 마음을 바로잡고 변화시켜 구원하는 목적을 지닌다. 하나님의 은혜는 우리를 욕망의 속박에서 자유롭게 해준다. 우리가 싸우지 않을 때도 우리를 대신해 우리의 생각과 욕망을 통제한다. 하나님의 은혜는 강력하고 막강하다. 우리는 우리 자신에게서 우리를 구원할 능력이 없지만 하나님은 그렇지 않다. 우리의 유일한 희망인

이 은혜는 죄를 고백하는 기도나 물질적인 금욕으로 얻어지는 것이 아니다. 무엇을 하든 우리 행위로는 절대 이 은혜를 얻을 수 없다. 은혜는 하나님이 우리에게 주시는 영원한 선물이다. 용서와 자유와 변화를 가져다주는 이 은혜의 능력을 통해서만 물질과의 싸움에서 승리로 이끌어줄 희망을 발견할 수 있다. 이 은혜는 경외심의 싸움에서 온전히 승리해 다시는 물질이 우리 마음을 다스리지 못할 때까지 우리를 위해 싸울 것이다. "주 예수님, 그렇다 하더라도 속히 오시옵소서!"

3. 물질은 우리의 기억을 일깨워준다. 물질세계의 다양한 영광은 하나님의 계획에서 저마다 고유한 목적을 지닌다. 우리를 창조하신 하나님은 우리를 소유하고 사랑하신다. 그분은 우리가 쉽게 잊는다는 것을 잘 아신다. 우리 안에서 하나님을 경외하는 마음이 피조물을 경외하는 마음으로 쉽게 대체된다는 것도 아신다. 그분은 우리 모두가 항상 수직적 차원의 경외심을 망각한다는 것을 매우 잘 아신다. 그래서 사랑과 은혜가 넘치시는 하나님은 물질세계가 자신을 가리키도록 의도적으로 계획하셨다. 하나님은 자신의 존재와 성품과 영광을 우리에게 숨기지 않으신다. 영성이 매우 뛰어난 몇몇 사람에게만 자신을 계시하지 않으신다. 보는 눈이 있고, 들을 귀가 있고, 받아들일 마음이 있는 사람은 누구나 하나님이 지으신 세상을 통해 날마다 그분을 발견할 수 있다(시편 19편, 로마서 1장 참조). 물질세계는 놀라운 권능으로 자신의 뜻을 따라 그 안에 있는 모든 것을 지으시고 유지하시는 하나님, 곧 능력과 영광이 무한하신 하나님을 항상 일깨워주는 표지판과 같다.

이런 사실은 우리가 사는 동안 두 종류의 경외심을 느껴야 한다는 것을 뜻한다. 첫째는 "기억을 돕는 경외심"이다. 이것은 피조물을 보고 느끼는 경외심을 가리킨다. 물질세계는 놀랍다. 피조물이 주는 경외심은 독특한 성격을 띤다. 그것은 우리의 기억을 일깨우는 경외심을 전달한다. 아름다운 경치, 흥미로운 소리, 온갖 놀라운 것들은 모두 만물을 창조하시고 그 뒤에 서 계시는 영광의 하나님을 상기시킨다. 하나님이 창조하신 것을 경이로워하는 것은 잘못이 아니다. 그러나 하나님을 기억하지 않고 창조된 영광만 바라보는 것은 큰 잘못이다.

요점을 간단히 말하면, "기억을 돕는 경외심"은 우리 안에 그보다 더 중요한 또 다른 경외심, 곧 "예배로 이끄는 경외심"을 불러일으켜야 한다. 피조세계의 영광은 그것을 지으시고 다스리시는 영광의 하나님을 예배하도록 독려하는 목적을 지닌다. "기억을 돕는 경외심"은 우리 마음을 일깨우고 자극하며, "예배로 이끄는 경외심"은 우리 마음을 사로잡아 겸손히 무릎을 꿇고 기쁜 찬양을 드리도록 이끈다. "기억을 돕는 경외심"이 "예배로 이끄는 경외심"으로 변질되는 순간, 곧 창조주를 잊고 피조물을 예배하기 시작하는 순간, 영적 문제가 발생한다. 앞서 언급한 대로, 예배를 독려하기 위해 창조된 것이 도리어 예배 대상이 되는 것이야말로 싸움 중의 싸움이 아닐 수 없다. 우리는 일상의 소소한 순간마다 그런 잘못을 거듭 되풀이한다. 그럴 때마다 우리는 우리에게 필요하다고 생각하는 물질을 얻고자 하는 욕망을 하나님의 존재와 성품과 계획과 은혜보다 더 중요하게 여긴다.

농담 반 진담 반으로 하는 말이지만, 나 역시 구원에는 아무 관심이 없고 오로지 맛있는 스테이크만 생각날 때가 있다. 하나님이야 어떻든 간에 기분 전환을 위해 날씨가 좋기만 바랄 때가 있고, 하나님의 뜻이

뭐가 되든 상관없이 내 주변 사람들이 나를 좋아하기만 바랄 때가 있다. 하나님의 아름다운 은혜에는 아무 관심이 없고 내 일정을 잘 꾸려나가는 데만 관심을 기울일 때가 있다. 참으로 슬픈 일이지만 "기억을 돕는 경외심"을 느끼는 것으로 만족할 뿐 그것이 내 마음속에 "예배로 이끄는 경외심"을 불러일으키도록 허락하지 않을 때가 종종 있다. 그렇기 때문에 나는 여전히 나를 나 자신에게서 구원해 줄 은혜가 필요하다.

4. 물질은 생명을 줄 수 없다. 물질세계는 우리에게 생명을 주도록 계획되지 않았다는 것을 기억하라. 물질은 일시적인 만족을 주고, 한순간 좋은 감정을 불러일으키며, 잠시 동안 휴식하고 기분을 전환할 수 있는 아름다움을 제공할 수 있다. 물질은 우리를 즐겁게 해주고 새로운 지식을 알려주지만, 모든 인간이 간절히 바라는 한 가지, 곧 생명은 결코 줄 수 없다. 이런 사실은 이사야 55장에서 제기된 질문을 떠올리게 한다. 이사야 55장 1-9절에는 값없이 주어지는 은혜의 선물을 가장 아름답고 생생하게 묘사하는 내용이 담겨 있다. 우리는 그 구절을 되풀이해서 읽어야 한다. 우리가 다시 복음을 생각할 수 있게 이끌어줄 생생한 표현이 필요하기 때문이다. 피조세계의 놀라운 영광에 매료되다 보면 충분히 사랑받고 풍성하게 공급받았는데도, 한없이 모자란다고만 생각하고 탐욕에 치우치기 쉽다.

이사야서 본문에 제기된 질문은 참으로 중요하다. 그것은 우리가 날마다 물질세계와 싸우는 싸움의 본질을 적나라하게 묘사한다. 선지자는 "너희가 어찌하여 양식이 아닌 것을 위하여 은을 달아주며 배부르게 하지 못할 것을 위하여 수고하느냐"(2절)라고 물었다. 그는 생생한 그림을 연상케 하는 표현을 사용해 우리 마음을 만족시킬 수 있는 양식은 오직 하나님뿐이라고 강조한다. 다른 것을 양식으로 삼는 것은 항상 굶주림과 불만족에 허덕이게 할 따름이다. 그러나 우리는 대부분 그런 식으로 살아간다. "……만 있으면 정말 행복하고 만족스러울 텐데"라고 생각한다. 그러나 전혀 그렇지 않다. 우리 영혼은 하나님 안에서 만족을 찾을 때까지는 절대로 만족할 수 없기 때문이다.

우리가 물질과 싸워야 하는 이유는 "기억을 돕는 경외심"으로 만족하고 그것을 통해 "예배로 이끄는 경외심"을 느끼지 않기 때문 아니겠는가? 혹시 생명을 발견할 수 없는 곳에서 생명을 찾고 있지는 않는가? 요점을 간단히 말하면 이렇다. 물질을 탐하고 추구하는 마음을 통제하기가 어려운 이유는 창조주를 경외하는 마음을 피조물을 경외하는 마음으로 바꾸었기 때문이다. 성경과 신학을 아무리 많이 알아도 소용없다. 내면 깊은 곳에서 이미 치명적인 대체가 이루어졌기 때문이다. 그래서 우리는 피조물이 우리의 개인적인 메시아가 되어주기를 바라고 그것을 열심히 추구한다. 우리는 소유나 결혼생활, 직업, 새로운 경험이나 장소에 관심을 기울이지만 마음은 늘 공허하기만 하다. 이사야는 그런 우리를 향해 묻는다. "너희가 어찌하여 배부르게 하지 못할 것을 위하여 수고하느냐."

은혜가 죄책감을 극복하게 해준다

자신의 제한된 지혜와 능력이 전부라면 이 모든 사실은 우리에게 절망만 안겨줄 것이다. 그러나 하나님의 자녀인 우리는 절망하지 않아도 된다. 물질세계의 창조주가 곧 "우리와 항상 함께하시는" 구원자가 되어주신다. 하나님은 우리에게 필요한 것을 공급하는 데서 그치지 않으시고 자기 자신을 내어주신다. 자신이 거하는 곳에 우리를 두시고, 보호와 치유와 변화와 구원을 가져다주는 강력한 은혜를 베푸신다. 하나님은 우리가 연약할 때 힘을 주시고, 우리가 어리석게 행동할 때 지혜를 주시며, 우리 힘으로 싸우지 못할 때 우리의 영혼을 위해 친히 싸워주신다. 그분은 우리가 자격을 충분히 갖출 때까지 기다리지 않으신다. 어떤 상황에서든 무슨 방법을 써서라도 우리를 도와주시기 때문에 비록 자격이 없더라도 심판이 아닌 긍휼을 누릴 수 있다.

　물질을 탐하는 마음을 부끄럽게 여겨 숨기지 말라. 물질을 탐하는 죄책감을 애써 감추려고 하지 말라. 빚을 지고 사는 것을 굳이 변명하려고 애쓰지 말라. 우리는 우리의 약점과 실패를 고스란히 안고 그분 앞에 달려갈 수 있다. 하나님의 사랑과 우리를 새롭게 회복하는 그분의 은혜를 누릴 수 있음을 알기 때문이다. 우리의 잘못을 인정하자. 우리는 모두 같다. 우리는 종종 물질세계를 경외하는 마음으로 그것을 창조하신 하나님을 경외하는 마음을 대체한다. 그러나 잘못을 인정한다고 해서 하나님을 피해 도망칠 필요는 없다. 그분께로 달려가라. 그러면 우리 각자의 특별한 필요와 싸움에 꼭 맞는 은혜와 긍휼을 발견할 것이다.

이는 그들이
하나님의 진리를 거짓 것으로 바꾸어
피조물을 조물주보다
더 경배하고 섬김이라
(롬 1:25)

AWE
**하나님을 경외할 때, 삶은
올바른 방향으로 나아간다.**

PART 3

삶의 해답, 하나님을 경외하는 마음

경외심 쟁탈전이 곧 성화의 과정이다.
성화는 올바른 신학이나 규칙을 배우는 것으로 끝나지 않는다.
우리에게 필요한 것이 신학과 규칙뿐이라면
예수님이 세상에 오셔서
구원 사역을 이루실 필요가 없었을 것이다.
성화는 우리 힘으로 할 수 없는 것을
우리를 위해 대신 해주는 하나님의 은혜의 사역이다.

CHAPTER 9

경외심을 지배하는 것이 삶을 지배한다

우리는 이 세상에서 하나님이 우리를 위해
우리 안에 이루신 일을 늘 놀라워하게 될 것이다.
_오스왈드 챔버스[8]

누군가가 가장 중요한 질문 두 가지를 말해 보라고 한다면 뭐라고 대답하겠는가? 하나님을 믿는 신자라면 다음 두 가지 질문을 가장 중요하게 생각할 것이 틀림없다.

"하나님은 지금 이곳에서 무엇을 하고 계실까?"
"그리고 나는 어떻게 반응해야 할까?"

이 질문에 어떻게 대답하겠는가? 그리고 우리의 대답은 하나님, 우리 자신, 삶, 중요한 것, 우리가 날마다 추구해야 할 것에 대한 우리의 생각에 어떤 영향을 끼칠까?

이 질문에 잘 대답하지 못한 사람들은 불만족스러운 삶을 살았다. 샤론은 늘 우울하게 지냈고, 조는 인생의 대부분을 분노를 느끼며 보냈다. 조슬린은 항상 누군가를 시기했고, 프랭크는 물질적인 성공에만 집착했다. 주디는 늘 자신을 바라보는 다른 사람들의 시선을 의식했고, 브래드는 노인이 된 후 지나온 삶을 돌아보며 회한과 후회만 일삼았다.

샤론, 조, 조슬린, 프랭크, 주디, 브래드는 모두 그리스도인이지만, 행복하게 살 운명이 못 된다고 생각하며 늘 불만족스러워했다. 그들은 모두 하나님의 약속을 의심했고, 하나님이 자신을 축복하지 않으시는 이유를 궁금해했다. 그들의 사연은 한결같이 연약한 믿음의 이야기를 담고 있었다. 그들의 믿음은 구원과 용기와 보호와 위로와 길잡이의 역할을 하지 못했다. 그들이 "이미"와 "아직" 사이의 시기에 대한 하나님의 계획을 이해하지 못했기 때문이다. 그들의 믿음은 그들의 삶을 구성하는 여러 부분에서 "종교 부분"에 해당될 뿐, 그들이 하는 모든 일에 의미와 목적을 부여하는 삶의 근본 원리는 되지 못했다.

나는 이들처럼 살아가는 사람이 무수히 많다고 생각한다. 그들은 하나님과 기독교를 바르게 이해하지 못하고, 믿음으로 사는 삶, 은혜, 하나님과 동행하는 삶이 무엇인지 알지 못한다. 그런 것들이 자신이 생각하는 것과 사뭇 다르다는 이유로 크게 혼란스러워한다. 그들은 중생의 "이미"와 본향에 가게 될 "아직" 사이의 시대에서 사는 동안, 하나님께 죄 사함과 많은 사랑을 받았지만 안타깝게도 구원받지 못한 사람들처럼 살았다. 그들은 하나님의 계획을 전혀 이해하지 못했다. 그들이 믿는 기독교는 주일에만 약간 활기를 띠었다. 혁신적이고 새로운 삶의 길이 아니라 형식적인 종교적 습관일 뿐이었다. 그들은 다른 사람들에게 기독교 신앙을 전하지 않았다. 그렇게 하려는 영적 열정이 충분하지 않았기 때문이다.

나는 진정으로 죄 사함을 받은 사람들 가운데 구원받지 못한 사람처럼 살면서 마치 지도나 네비게이션에도 나오지 않는 낯선 도시에 머무는 양 신앙생활을 하는 신자가 과연 얼마나 될지 궁금할 때가 많다. 진정으로 죄를 용서받은 사람들 가운데 일에 집착하다 길을 잃은 사람, 결혼생활에 집착하다 길을 잃은 사람, 자녀 양육에 집착하다 길을 잃은 사람, 많은 소유를 쌓는 데 집착하다 길을 잃은 사람, 성공을 좇다가 길을 잃는 사람, 곧 죄를 용서받았는데도 "이미"와 "아직" 사이에서 살아가다 길을 잃은 사람이 얼마나 될지 참으로 궁금하다.

하나님은 지금 무엇을 하고 계실까? 칭의가 죄 사함을 받고 하나님의 자녀가 되는 결과를 가져다주는 사건이라면, 성화는 마음의 혁신적인 변화를 이끌어내는 과정이다. 일평생 마음과 삶을 새롭게 변화시키는 과정이 곧 구원자이신 하나님이 "이미"와 "아직" 사이에서 주로 행하시는 사역이다. 칭의는 우리 죄를 용서하는 단회적인 사역이고, 성화는 우리의 변화와 성장을 이끌어내는 지속적인 사역이다.

하나님은 우리에게 좋은 직장이나 훌륭한 자녀를 약속하지 않으셨다. 행복한 결혼생활과 안락한 집을 약속하지 않으셨다. 우리를 즐겁게 하는 것에 둘러싸여 풍요로운 삶을 누리게 하겠다고 약속하지도 않으셨다. 그분은 단지 우리 안에서 시작하신 사역을 온전히 이루겠다고 약속하셨을 뿐이다. 우리가 정직하다면 우리에게 여전히 변화가 필요하다는 것을 보여주는 경험적인 증거가 날마다 속출하고 있다는 것을 기꺼이 인정하지 않을 수 없다. 초조해하고, 교만하고, 참지 못하고, 시기하고, 욕정을 느끼고, 탐심을 품고, 의심하는 순간, 그런 증거들이 나타난다. 반항하고, 복수심을 품고, 거칠고 무례한 말을 내뱉고, 세금을 덜

내려고 속이고, 진실을 왜곡시켜 전달하고, 봐서는 안 될 웹사이트를 보고, 교묘하게 인종을 차별하고, 받은 축복을 함께 나누지 않고, 차가 막힌다고 화를 내고, 편의점에서 줄을 서서 기다려야 한다고 짜증을 내는 순간이 우리가 하나님의 은혜 안에서 아직도 온전히 성장하지 못했다는 증거일지 모른다. 우리는 우리의 현재 모습에 만족할지 모르지만, 하나님은 자신의 사역이 온전히 이루어질 때까지 멈추지 않으신다.

이쯤에서 "모두 일리 있는 말입니다. 그런데 이 모든 것이 하나님을 경외하는 마음을 다루는 이 책과 무슨 상관이 있는지 궁금합니다"라고 말할 사람이 있을 것이다. 지금부터 그 궁금증을 해결해 주겠다.

죄가 우리에게 끼치는 영향

죄가 우리 마음에 어떤 영향을 끼치는지 이해하지 못하면 하나님이 지금 이곳에서 무엇을 하고 계시는지 이해할 수 없다. 우리는 율법을 어기는 이유가 죄 때문이라는 것을 잘 알고 있지만, 죄가 우리 마음에 그보다 훨씬 근본적인 해악을 끼친다는 점은 쉽게 간과한다. 간단히 말해 죄는 우리를 "경외심을 느끼지 못하는 상태"로 전락시킨다.

고린도후서 5장에는 경외심을 느끼지 못한다는 것이 무슨 의미인지를 잘 설명하는 구절이 기록되어 있다. 그 구절은 예수님이 죽으신 이유가 "다시는 그들 자신을 위해 살지 않게" 하기 위해서라고 말한다(15절). 이 문구는 간단하지만 매우 강력한 의미를 전하고 있다. 그것은 하나님을 경외하는 마음이 우리의 모든 생각과 욕망과 말과 행동을 지배해야 마땅하지만, 그분을 경외하는 마음이 자아를 경외하는 마음으로 대체되었다는 것이다. 죄가 단지 우리를 반역자이자 어리석은 자로 만들었기 때문이 아니다. 죄는 우리 스스로 우리의 율법을 만들도록 유도하는 데 그치지 않는다. 우리 모두에게 그보다 훨씬 근본적인 영향을 끼친다. 죄는 마음을 사로잡아 엉뚱하게 기능하도록 유도한다. 마음의 본래 기능을 다르게 바꾸어 삶에 영향을 끼치도록 이끈다.

바울은 삶을 바라보는 두 가지 관점, 곧 삶을 대하는 마음의 태도 두 가지를 서로 대조시킨다. 하나는 내가 나와 나의 작은 세계를 위해 원하는 것을 취하겠다는 마음이고, 다른 하나는 그리스도와 그분이 행하신 것을 경이로워하는 마음이다. 우리는 하나님을 경외하는 마음을 추구하며 살도록 창조되었지만, 죄가 마음에 영향을 끼치는 탓에 자아를 경외하는 마음에 사로잡혀 사소하고 사사로운 계획을 추구하며 살아가기를 원한다. 우리가 하나님의 율법을 어기는 이유는 하나님을 경외하는 마음을 저버렸기 때문이다. 간단명료하면서도 실질적인 차원에서 말한다면, 하나님을 경외하는 마음이 자아를 경외하는 마음으로 신속하게 대체되는 이유는 바로 죄의 영향 때문이다.

이것은 우리의 생각과 바람, 의도와 소원, 계획이 본래 궤도에서 벗어났다는 것을 의미한다. 우리는 우리 뜻이 이루어지기를 원하고, 우리가 원할 때 원하는 것을 할 수 있는 자유를 바란다. 주변 사람들이 우리에게 감사하고, 우리를 섬기며, 우리를 만족시켜주기를 기대한다. 그들이 우리에게 동의하지 않거나 잘못을 지적해 주기를 원하지 않는다. 힘들여 일하지 않고도 풍요로운 삶을 누리기 원하고, 결과와 상관없이 우리가 즐거우면 그만이라고 생각한다. **죄는 마음의 가장 근본적인 기능, 곧 경외심을 느끼는 기능을 왜곡시킨다.**

하나님이 우리를 자기에게로 이끄시면 우리는 온전히 죄를 용서받고 아무 조건 없이 그분의 자녀가 된다. 그러나 우리 마음속에서는 여전히 경외심을 둘러싼 싸움이 계속된다. 우리 마음은 전에 알지 못한 하나님의 영광을 의식하기 시작하지만 마음속에서는 여전히 경외심 쟁탈전이 벌어진다. 마음의 동기를 둘러싸고 일어나는 싸움을 승리로 이끌어야 할 과정이 아직도 많이 남아 있다. 경외심 쟁탈전은 그리스도인이 살아가는 동안 평생 계속된다. 이것이 곧 성화의 과정이다. 성화는 올바른 신학이나 규칙을 배우는 것으로 끝나지 않는다. 우리에게 필요한 것이 신학과 규칙뿐이라면 예수님이 세상에 오셔서 구원 사역을 이루실 필요가 없었을 것이다. 성화는 우리 힘으로 할 수 없는 것(즉 오직 하나님만 경외하는 마음을 회복하는 것)을 우리를 위해 대신 해주는 하나님의 은혜의 사역이다.

영적 성장은 우리의 경외심을 회복하는 것을 뜻한다. 하나님을 경외하는 마음이 마음의 동기를 주관하는 기능을 지배하면 그분의 나라를 사랑하고, 그분의 일 행하는 것을 기뻐하며, 그분 뜻에 복종하는 것에서 만족을 얻는다. 로마서 12장 2절은 "마음을 새롭게 함으로 변화를 받으라"고 말한다. 마음이 변화되어야 한다. 은혜가 마음의 동기를 변화시키지 못하면 삶도 변화하지 않는다.

하나님은 우리의 경외심을 되찾기 위해 싸우신다

우리는 우리 마음에서 도망칠 수 없고, 마음을 변화시킬 수도 없다. 따라서 우리 스스로 할 수 없는 일을 우리 대신 해주는 은혜, 곧 강력한 변화의 능력을 지닌 하나님의 은혜를 의지해야 한다. 죄 사함은 참으로 놀라운 일이지만, 하나님은 그보다 더 놀랍고 신비로운 일, 곧 우리의 작은 머리로는 상상조차 할 수 없는 일을 행하셨다. 우리 안에 성령을 보내신 것이다. 하나님의 성령께서는 우리의 육신과 싸우신다. 이 싸움은 마음의 동기를 주관하는 체계 깊은 곳에서 일어나기 때문에 안에서부터 싸워 밖으로 밀쳐내야 한다. 지식은 유용하지만 그것으로는 충분하지 않다. 규칙도 많은 도움을 주지만 실제로 해야 하는 일을 하기에는 역부족이다. 죄는 우리의 경외심을 사로잡아 경외심의 중심, 곧 오직 하나님만이 계셔야 할 자리에 우리 자신을 올려놓도록 유도한다.

바울은 고린도 교인들에게 "하나님과 화목하라"(고후 5:20)고 권고했다. 이 말이 무슨 뜻일까? 그들이 신자라면 이미 하나님과 화목한 것 아닌가? 바울은 "화목"이라는 말을 두 가지 의미로 사용했다. 첫째는 칭의, 곧 신분상 이루어진 화목이다. 나는 그리스도의 사역에 힘입어 하나님과 화목했다. 즉, 하나님 앞에 나가 그분의 자녀가 되었다. 그러나 바울은 화목을 이와는 또 다른 의미로 사용한다. 바로 성화의 화목이다. 경외심을 느끼는 능력이 하나님 아닌 다른 존재나 사물에 지배되면, 하나님과 화목해야 할 필요가 생겨난다. 이것이 성화의 싸움, 곧 화목의 싸움이다. 오직 하나님만 경외하는 마음을 되찾기 위한 싸움이다.

감사하게도 우리는 혼자 싸우지 않는다. 바울은 갈라디아 교인에게 이렇게 말했다. "내가 이르노니 너희는 성령을 따라 행하라 그리하면 육체의 욕심을 이루지 아니하리라 육체의 소욕은 성령을 거스르고 성령은 육체를 거스르나니 이 둘이 서로 대적함으로 너희가 원하는 것을 하지 못하게 하려 함이니라"(갈 5:16-17). 영적 성장이란 우리의 생각과 욕구와 동기를 올바로 회복하는 것이다. 그 모든 것의 회복은 경외심을 되찾는 데 달려 있으며, 그 목적은 더 이상 우리 자신을 위해 살지 않고 기꺼운 마음으로 하나님을 위해 사는 것이다. 성령께서 우리를 자아의 속박에서 자유롭게 하실 때 우리는 그분의 사역에 동참한다.

어떻게 경외심을 되찾을 것인가

갈라디아서 5장은 두 가지 방식으로 경외심을 묘사한다. 그리고 두 가지 방식 모두 우리의 경외심을 지배하는 것이 곧 우리 삶을 지배한다는 점을 분명하게 보여준다. 첫 번째 방식은 왜곡된 경외심에 사로잡힌 사람의 삶을 묘사한다. 앞서 말한 대로 죄는 우리를 경외심을 훔친 죄인으로 만들었다. 우리는 하나님을 예배하도록 이끄는 경외심을 도둑질해서 우리 자신에게 향하게 만들었다. 오직 하나님만이 계셔야 할 자리에 우리를 올려놓고 삶의 중심을 차지했다. 물론 우리가 우리 자신을 위해 산다고 해서 갈라디아서 5장에 언급된 일을 모두 저지르는 것은 아니다. 그러나 그 일들은 모두 하나님을 경외하는 마음이 자아를 경외하는 마음으로 대체된 데서 비롯한 결과물이다.

첫 번째 방식. "육체의 일은 분명하니 곧 음행과 더러운 것과 호색과 우상 숭배와 주술과 원수 맺는 것과 분쟁과 시기와 분냄과 당 짓는 것과 분열함과 이단과 투기와 술 취함과 방탕함과 또 그와 같은 것들이라 전에 너희에게 경계한 것같이 경계하노니 이런 일을 하는 자들은 하나님의 나라를 유업으로 받지 못할 것이요"(갈 5:19-21).

이 목록은 매우 유익하고 교훈적이다. 이 모든 죄를 한 단어로 표현하면 바로 "자아"다. 우리 자신을 위해 살고자 하는 욕망이 마음의 동기 체계를 지배할 때 우리는 여기에 언급된 죄를 지을 수 있다. 하나님을 경외하는 마음이 자아를 경외하는 마음으로 대체되면(즉 우리 자신을 위해 살면), 우리 자신을 바르게 다스리기가 매우 어렵다. 그렇게 되면 다른 사람이 우리를 위해 설정한 도덕적 한계 내에 머물거나 사사로운 쾌락을 갈망하는 욕구를 제어하기가 매우 어려울 뿐 아니라 성적 부도덕과 옳지 못한 행위를 저지르기가 쉽다. 즉 삶이 도덕적 명령보다는 육체적 쾌락과 감각에 더 많은 영향을 받는 것이다. 사사로운 쾌락을 지나치게 탐하다 보면 쾌락으로는 얻을 수 없는 것을 얻으려고 애쓰게 되고 점점 많은 쾌락을 추구하게 된다. 그러다 보면 스스로 적절히 절제할 수 있다고 생각하던 것에 중독되는 결과에 이르게 된다(알코올 의존증을 생각해 보라).

우리 자신을 위해 살면 우리가 가지지 못한 것을 다른 사람이 가지고 있는 현실을 못마땅해하며 시기할 수밖에 없다. 또한 자아를 경외하는 마음이 하나님을 경외하는 마음을 대체하면 우리가 원하는 것을 방해하는 사람이나 상황에 분노를 느끼게 되고, 평화롭게 지내기보다는 다투기를 좋아하는 삶을 살아가기 쉽다(반목, 신경질적인 태도, 경쟁, 갈등, 불화).

상처와 고통, 환멸과 실망으로 귀결되는 인간 사회의 모든 암울한 현상들은 그 근원이 매우 깊다. 죄는 단지 그릇된 일을 행하는 차원을 넘어선다. 마음의 동기가 부패하여 기능을 잃으면 죄가 행동으로 나타난다. 우리 자신을 위해 사는 한, 하나님이 정하신 한계 내에 머물 수 없다. 하나님보다 자아를 더 경외하면 하나님이 원하시는 삶을 살 수 없다.

첫 번째 방식의 핵심은 우리 모두 죄인이기 때문에 죄를 짓고 사는 것이 자연스럽고 본능적이라는 것이다. 일주일 동안 아무런 갈등 없이 지내본 적이 있는가? 누군가를 질투하고 다른 사람이 누리는 축복을 시기하지 않았는가? 섹스, 음식, 술이 주는 쾌락을 갈망하는 욕망을 제어하기가 어렵지 않았는가? 불친절하고 사랑이 없는 말이나 행동으로 갈등을 일으킨 적은 없는가? 솔직한 사람이라면 이 본문에 나열된 죄가 우리 각자를 묘사하고 있다는 것을 인정하지 않을 수 없을 것이다. 이것은 모든 죄인의 삶을 아주 정확하게 묘사하고 있다. 어째서 이러한 삶을 살게 된 것일까? 죄가 우리 모두를 경외심을 왜곡시킨 죄인으로 만들었기 때문이다. 우리는 우리 자신을 하나님의 자리에 올려놓는다. 우리 자신을 세상의 중심에 세운다. 모든 죄인은 하나님을 잊고 자신을 왕으로 추대한다. 도덕적인 잘못과 사람들 사이의 갈등은 모두 여기에서 비롯한다. 본문에 나열된 목록은 악인이 저지르는 악행이 아니라 죄가 우리 모두에게 끼치는 영향을 보여주고 있다.

두 번째 방식. "오직 성령의 열매는 사랑과 희락과 화평과 오래 참음과 자비와 양선과 충성과 온유와 절제니 이 같은 것을 금지할 법이 없느니라 그리스도 예수의 사람들은 육체와 함께 그 정욕과 탐심을 십자가에 못 박았느니라"(갈 5:22-24).

이 모든 아름다운 성품을 하나로 묶는 것은 무엇일까? 이 성품들은 모두 나보다 더 큰 것을 위해 사는 것에서 비롯한다. 이 방식은 마음의 동기가 하나님을 경외하는 마음에 지배되기 시작할 때 일상의 삶이 변화될 수 있다는 것을 보여준다. 여기에 나열된 성품들을 가능케 하는 요인은 개인적인 통제력이나 쾌락보다 훨씬 강력하다.

이 목록은 무엇을 나타내는가? 목록에 나열된 성품들은 우리가 달성

해야 할 도덕적인 목표가 아니다. 우리는 우리 내면에 이런 성품들을 독자적으로 만들어낼 능력이 없다. 우리 힘으로는 마음의 동기와 방향을 바꿀 수 없기 때문이다. 하나님이 놀라운 은혜로 우리를 용서하셨다고 하더라도 첫 번째 방식에 언급된 죄들이 우리 삶에 많은 영향을 끼치고 있다. 우리는 아직도 계속 성장해 가야 한다. 이런 선한 성품들의 본질을 이해할 수 있는 실마리는 "성령의 열매"라는 문구에서 발견할 수 있다. 선한 성품들은 우리에게 결코 자연스러운 것이 아니다. 그것은 성령의 강력한 변화의 능력이 우리 마음속에 역사하여 이루어지는 결과물이다. 성령께서는 우리 마음속에 거하시며 우리를 위해 우리 힘으로 할 수 없는 일(곧 마음의 동기를 변화시켜 오직 하나님만 바라보게 하는 것)을 이루어주신다. 예수님은 우리의 죄 사함을 위해서만이 아니라 우리의 성장과 변화를 위해 죽으셨다. 예수님이 죽으신 이유는 우리가 "이미"와 "아직" 사이에서 이 두 번째 방식이 묘사하는 삶을 살 수 있는 사람으로 차츰 변화되게 하시기 위해서다. 처음 죄를 용서받고 하나님의 자녀가 될 때처럼 이런 변화가 이루어질 때도 반드시 하나님의 은혜가 필요하다.

이 목록을 주의 깊게 살펴보면서 경외심을 되찾는 것이 어떻게 삶을 변화시키는지 생각해 보라. 다른 사람들을 **사랑**하지 못하게 방해하는 것이 있다면 무엇인가? 자아를 사랑하는 마음이 다른 사람들을 일관된 태도로 사랑하지 못하게 방해하고 있지는 않은가? 여기에서 요점은 첫 번째 큰 계명을 지키는 사람이 두 번째 큰 계명도 지킬 수 있다는 것이다. 먼저 우리 마음과 삶에서 하나님이 마땅히 차지하셔야 할 자리를 차지하셔야만 다른 사람들도 올바른 자리를 찾을 수 있다. 다른 무엇보다 하나님을 먼저 사랑해야만 다른 사람들을 내 몸과 같이 사랑할 수 있다.

희락(기쁨)은 어떠한가? 희락은 감사에서 나온다. 자신에게 초점을 맞춰 권리만 요구한다면 기쁘게 살기 어렵고 끊임없이 불평을 일삼을 수밖에 없다. 그러나 하나님의 존재와 주권과 은혜를 경외하고 자신의 부족함을 깊이 느낀다면, 언제 어디서나 감사할 수 있다. 감사가 넘치면 항상 기뻐하며 살아갈 수 있다.

화평에 관해 생각해 보라. 삶 속에서 그토록 많은 갈등을 겪는 이유가 무엇일까? 왜 화평하기보다는 다툼을 일으키는 것이 더 쉬울까? 대답은 간단하다. 우리는 자신을 위해 살려는 성향을 지니고 있기 때문이다. 우리 자신을 위해 살면 다른 사람들은 걸림돌로 보이게 마련이다. 그러나 마음의 동기가 변해 우리 자신이 아닌 하나님을 위해 살면 모든 것을 나 중심에서 생각하는 태도를 버릴 수 있다. 인격이 아닌 것을 인격화시키려는 행위를 중단할 수 있고, 사소한 잘못은 너그럽게 눈감아 줄 수 있으며, 다른 사람들과 좀 더 평화롭게 공존할 수 있다.

오래 참음은 또 어떨까? 참고 기다리기를 좋아하는 사람은 별로 없다. 왜일까? 기다린다는 것은 곧 우리 자신이 상황을 통제하지 못하고 있다는 것을 상기시켜주기 때문이다. 억지로 우리 일정을 미루고 다른 일정을 기다려야 하는 것은 우리가 주권자라는 착각에 큰 타격을 가한다. 생각해 보라. 우리 자신을 기다려야 한다는 이유로 화를 내는 법은 절대 없다. 나보다 무한히 더 위대하고 지혜로우신 하나님의 계획을 마음으로 경외한다면 나의 일정보다 그분의 일정을 더 존중하고, 다른 사람들을 위해 기꺼이 기다릴 수 있을 것이다.

두 번째 방식에 언급된 용어 가운데 행동을 묘사한 것은 하나도 없다. 오히려 이 용어들은 행동의 원인이 되는 성품을 묘사하고 있다. 성령께서 마음의 동기, 곧 경외심을 느끼는 능력을 차츰 새롭게 회복시켜나가실 때 우리 삶 속에 이런 성품들이 점진적으로 형성된다. 성령께서는 "살아 있는 자들로 하여금 다시는 그들 자신을 위하여 살지 않게"(고후 5:15) 하기 위해 우리 안에서 그리스도의 사역을 온전히 이루는 일을 하고 계신다. 성령께서는 내면 깊은 곳의 동기를 변화시키는 사역(곧 경외심을 회복시키는 사역)을 이루고 계신다. 이것이 바울이 우리는 "육체와 함께 그 정욕과 탐심을 십자가에 못 박았느니라"(갈 5:24)고 말하는 이유다. 그렇다. 우리 마음은 그리스도와 함께 십자가에 못 박혔고, 그로 인해 우리 안에 새로운 마음이 살아났다. 우리 안에 거하시는 성령께서는 자아를 경외하는 마음을 죽이고, 하나님을 경외하는 마음, 곧 우리 삶을 변화시키는 경외심을 일깨우는 은혜를 베푸셔서 그 사역을 온전히 이루고 계신다.

우리 힘으로는 경외심을 바로잡는 사역을 이룰 수 없다. 우리는 은혜가 절실히 필요하다. 그 사역을 소중히 여기고, 능력이 되는 대로 최선을 다해 협력해야 한다. 겸손히 우리의 부족함을 인정하고, 개인적인 성장과 변화의 유일한 희망인 은혜를 항상 붙잡으려고 노력해야 한다.

잘못된 것을 다시 올바로 기능하게 하려면 고장 난 부분을 고칠 수 있는 힘이 있어야 한다. 점진적 성화를 통한 영적 성장은 하나님의 율법을 더 열심히 지키는 것 이상이다. 죄로 인해 망가진 것을 다시 고치는 하나님의 사역이 필요하기 때문이다. 죄로 인해 망가진 것은 우리 마음 속에 존재한다. 오직 하나님을 경외하는 마음이 자아를 경외하는 마음을 대체해야만 기쁜 마음으로 하나님이 본래 의도하신 삶을 일관되게 살아갈 수 있다. 하나님은 변화의 능력을 지닌 놀랍고 힘 있고 강렬한 은혜를 끊임없이 베풀어주셔서 우리 마음의 동기를 바로잡으신다.

많은 사람이 그리스도인을 자처하면서
이원화된 삶을 살아간다.
그들은 알게 모르게 자신의 삶을
"실제 생활"과 "영적 생활"로 분리한다.
그들의 믿음은 삶의 모든 것을 이끄는 원동력이 아니라
삶의 한 측면일 뿐이다.

CHAPTER 10

경외심을 되찾을 때
삶과 신앙은 하나가 된다

여호와여 신 중에 주와 같은 자가 누구니이까
주와 같이 거룩함으로 영광스러우며 찬송할 만한 위엄이 있으며
기이한 일을 행하는 자가 누구니이까.
_ 출애굽기 15장 11절

¹너희의 하나님이 이르시되 너희는 위로하라 내 백성을 위로하라 ²너희는 예루살렘의 마음에 닿도록 말하며 그것에게 외치라 그 노역의 때가 끝났고 그 죄악이 사함을 받았느니라 그의 모든 죄로 말미암아 여호와의 손에서 벌을 배나 받았느니라 할지니라 하시니라 ³외치는 자의 소리여 이르되 너희는 광야에서 여호와의 길을 예비하라 사막에서 우리 하나님의 대로를 평탄하게 하라 ⁴골짜기마다 돋우어지며 산마다, 언덕마다 낮아지며 고르지 아니한 곳이 평탄하게 되며 험한 곳이 평지가 될 것이요 ⁵여호와의 영광이 나타나고 모든 육체가 그것을 함께 보리라 이는 여호와의 입이 말씀하셨느니라 ⁶말하는 자의 소리여 이르되 외치라 대답하되 내가 무엇이라 외치리이까 하니 이르되 모든 육체는 풀이요 그의 모든 아름다움은 들의 꽃과 같으니 ⁷풀은 마르고 꽃이 시듦은 여

호와의 기운이 그 위에 붊이라 이 백성은 실로 풀이로다 [8]풀은 마르고 꽃은 시드나 우리 하나님의 말씀은 영원히 서리라 하라 [9]아름다운 소식을 시온에 전하는 자여 너는 높은 산에 오르라 아름다운 소식을 예루살렘에 전하는 자여 너는 힘써 소리를 높이라 두려워하지 말고 소리를 높여 유다의 성읍들에게 이르기를 너희의 하나님을 보라 하라 [10]보라 주 여호와께서 장차 강한 자로 임하실 것이요 친히 그의 팔로 다스리실 것이라 보라 상급이 그에게 있고 보응이 그의 앞에 있으며 [11]그는 목자 같이 양 떼를 먹이시며 어린 양을 그 팔로 모아 품에 안으시며 젖먹이는 암컷들을 온순히 인도하시리로다 [12]누가 손바닥으로 바닷물을 헤아렸으며 뼘으로 하늘을 쟀으며 땅의 티끌을 되에 담아보았으며 접시저울로 산들을, 막대 저울로 언덕들을 달아 보았으랴 [13]누가 여호와의 영을 지도하였으며 그의 모사가 되어 그를 가르쳤으랴 [14]그가 누구와 더불어 의논하셨으며 누가 그를 교훈하였으며 그에게 정의의 길로 가르쳤으며 지식을 가르쳤으며 통달의 도를 보여주었느냐 [15]보라 그에게는 열방이 통의 한 방울 물과 같고 저울의 작은 티끌 같으며 섬들은 떠오르는 먼지 같으리니 [16]레바논은 땔감에도 부족하겠고 그 짐승들은 번제에도 부족할 것이라 [17]그의 앞에는 모든 열방이 아무것도 아니라 그는 그들을 없는 것같이, 빈 것같이 여기시느니라 [18]그런즉 너희가 하나님을 누구와 같다 하겠으며 무슨 형상을 그에게 비기겠느냐 [19]우상은 장인이 부어 만들었고 장색이 금으로 입혔고 또 은사슬을 만든 것이니라 [20]궁핍한 자는 거제를 드릴 때에 썩지 아니하는 나무를 택하고 지혜로운 장인을 구하여 우상을 만들어 흔들리지 아니하도록 세우느니라 [21]너희가 알지 못하였느냐 너희가 듣지 못하였느냐 태초부터 너희에게 전하지 아니하였느냐 땅의 기초가 창조될 때부터 너희가 깨닫지 못하였느냐 [22]그는 땅 위 궁창에 앉으시나니 땅에 사는 사람들은 메뚜기 같으니라 그가 하늘을 차일같이 펴셨으며 거주할 천막같이 치셨고 [23]귀인들을 폐하시며 세상의 사사들을 헛되게 하시나니 [24]그들은 겨우 심기고 겨우 뿌려졌으며 그 줄기가 겨우 땅에 뿌리를 박자 곧 하나님이 입김을 부시니 그들은 말라 회오리바람에 불려 가는 초개 같도다 [25]거룩하신 이가 이르시되 그런즉 너희가 나를 누구에게 비교하여 나를 그와 동등하게 하겠느냐 하시니라 [26]너희는 눈을 높이 들어 누가 이 모든 것을 창조하였나 보라 주께서는 수효대로 만상을 이끌어내시고 그들의 모든 이름을 부르시나니 그의 권세가 크고 그의 능력이 강하므로 하나도 빠짐이 없느니라 [27]야곱아 어찌하여 네가 말하며 이스라엘아 네가 이르기를 내 길은 여호와께 숨겨졌으며 내 송사는 내 하나님에게서 벗어난다 하느냐 [28]너는 알지 못하였느냐 듣지 못하였느냐 영원하신 하나님 여호와, 땅 끝까지 창조하신 이는 피곤하지 않으시며 곤비하지 않으시며 명철이 한이 없으시며 [29]피곤한 자에게는 능력을 주시며 무능한 자에게는 힘을 더하시나니 [30]소년이라도 피곤하며 곤비하며 장정이라도 넘어지며 쓰러지되 [31]오직 여호와를 앙망하는 자는 새 힘을 얻으리니 독수리가 날개 치며 올라감 같을 것이요 달음박질하여도 곤비하지 아니하겠고 걸어가도 피곤하지 아니하리로다(사 40:1-31).

내가 지금까지 여러 책을 쓰면서 성경 본문을 이렇게 길게 인용한 적은 처음이다. 여기에는 그만한 이유가 있다. 나는 이 책을 읽는 독자들이 지금 당장 하기를 바라는 것이 있다. 앞서 인용한 이사야 40장을 두

세 번 천천히 읽으면서 그 내용을 묵상하라. 시적인 표현을 음미하며 머릿속으로 그 광경을 상상해 보라. 본문에 묘사된 놀라운 영광을 마음속으로 한껏 느껴보라. 선지자가 하나님의 영광을 묘사하기 위해 인간의 언어가 지닌 한계를 어떻게 극복하려고 노력했는지 생각해 보라. 그가 떨리는 마음으로 조용히 하나님을 경배하려는 마음을 일깨우기 위해 얼마나 진지한 노력을 기울였는지 생각하라.

이 책의 저자로서 내가 지금부터 고백하려는 말을 막상 꺼내려니 한없이 부끄럽다. 이 책에서 가장 중요한 말은 내 생각에서 나온 것이 아니다. 이 책에서 변화의 힘을 지닌 가장 중요한 말은 다름 아닌 이사야 선지자가 성령의 영감을 받아 기록한 성경 말씀이다. 우리는 "왜 이런 말씀이 기록되었는가?"와 "오늘날 이 말씀이 우리와 무슨 관계가 있는가?"라는 질문을 생각해 봐야 한다.

이원화된 삶을 청산하라

안타깝게도 그리스도인을 자처하면서 이원화된 삶을 살아가는 사람이 매우 많다. 그들은 알게 모르게 자신의 삶을 "실제 생활"과 "영적 생활"로 분리한다.

"실제 생활"은 그들이 가장 편안하게 여기며 공을 많이 들이는 생활이다. 여기에는 직업, 건강, 음식, 친구, 여가, 돈, 결혼, 자녀 양육, 소유, 매일의 경험 등 일상생활의 모든 것이 포함된다. 그들은 실제 생활에 자신의 감정과 노력을 굉장하게 쏟아 붓는다. 여기에서 그들의 꿈이 이루어지기도 하고 좌절되기도 한다. 그들이 느끼는 큰 기쁨이나 큰 슬

품도 대부분 실제 생활에서 일어나는 상황에 크게 좌우된다. 그들은 이 영역에서 자기 자신과 자녀들을 위한 행복한 삶을 모색한다. 그들은 일상에서 마주치는 세상의 일들 외에 다른 것은 거의 의식하지 않고 살아간다. 예수님과 그분의 용서와 영원한 내세를 믿지만, 그런 믿음은 자신을 바라보는 그들의 관점과 일상생활에 거의 아무런 영향도 끼치지 못한다.

아울러 그들은 "영적 생활"이라는 또 다른 삶을 살아간다. 영적 생활에는 하나님과 관련된 것이 모두 포함된다. 이를 테면 주일 예배, 소그룹 모임, 십일조와 헌금, 올바른 신학, 계명 준수, 단기 봉사활동, 가정 예배 등이다. 그들의 기독교는 삶의 나머지 부분과 분리되어 존재한다. 그들의 믿음은 삶의 모든 것을 이끄는 원동력이 아니라 삶의 한 측면일 뿐이다. 이 삶의 분야에서 일어나는 일을 잘 관찰해 보면 이원화된 삶의 부정적인 영향에서 생겨나는 갖가지 징후를 확인할 수 있다. 먼저 이사야 40장이 기록되어 지금까지 보존되어온 이유를 살펴보고 나서 그런 징후를 하나씩 분석해 보기로 하자.

"너희 하나님이 이곳에 계시다"라는 세계관

다음 질문에 대해 생각해 보라. "나와 내 삶에 관한 생각에 가장 큰 영향을 끼치는 것이 무엇인가?" 이사야 40장은 궁지에 몰려 상처와 고통을 겪는 사람들을 위로하기 위해 쓰였지만, 그 "위로"의 본질을 바르게 이해해야 한다. 이 성경 말씀을 "하나님이 주권자이시다"라거나 "이 일도 곧 지나갈 것이다"라는 식의 위로를 전하는 설교 본문 중 하나로만 취급해서는 곤란하다. 이사야 40장은 고통을 느끼는 사람의 상처를 달래주기 위한 추상적인 신학 개념을 전하는 것과 거리가 멀다. 그보다 훨씬 깊고 넓은 의미를 지닌다. 이사야 40장은 하나님의 모든 자녀의 삶에 관해 말하고 있다.

우리는 이사야 40장이 단순히 위로를 전하는 말씀이 아니라 세계관을 다루는 말씀이라는 것을 이해해야 한다. **이 말씀이 위로를 주는 이유는 경외심을 갖게 만드는 놀랍고 혁신적인 세계관을 전하고 있기 때문이다.** 이사야 40장이 계시하는 놀라운 영광을 의식하며 살고, 믿고, 이해한다면 당장에 어떤 일을 당하든 늘 위로를 느낄 수 있을 것이다.

이사야 40장이 말하는 그릇된 사고방식은 두 가지다. 하나는 "무한히 영광스러우신 하나님을 세계의 중심으로 생각하지 않는 세계관"이다. 이사야가 증언한 하나님의 경이로운 영광을 통해 세상을 바라보지 않는다면 그 무엇도 바르게 이해할 수 없다. 하나님은 엄연히 존재하실 뿐 아니라 늘 역사하시며 만물을 다스리시는 지극히 영광스러운 분이기 때문에 그분의 위엄을 온전히 묘사할 수 있는 표현이나 비유를 찾기란 거의 불가능하다.

예수 그리스도의 교회 안에 실질적인 무신론이 만연한 것 같아 몹시 걱정스럽다. 우리는 하나님이 계시지 않고 모든 것이 우리 자신에게 달려 있는 것처럼 생각하며 살아갈 때가 많다. 너무 많은 것을 스스로 통제하려 들고 너무 많은 것을 요구하다가 때늦은 후회로 가슴을 칠 때가 많다. 우리는 하나님을 다른 것으로 대체할 때가 많다. 우리가 이런 잘못들을 저지르는 이유는 하나님의 임재와 영광을 쉽게 망각하기 때문이다. 이사야는 우리에게 망각하지 말라고 말한다. 그는 장엄하고 광대한 그림 언어로 우리의 기억을 새롭게 일깨워준다. 우리가 잊어버린 하나님을 다시금 상기시켜준다. 나는 목회 상담을 하면서 신학 지식을 제법 잘 갖추고 있는 것처럼 보이는 사람들이 하나님을 완전히 배제한 채 온통 자기 이야기만 늘어놓는 것을 많이 목격했다. 그들이 하나님을 배제한 채 자신의 삶을 바라보고 있다는 사실은 그들이 많은 고뇌와 혼란, 절망을 느끼는 이유를 잘 보여준다. 그들이 위로를 찾지 못하는 이유는 단지 삶이 불편해서가 아니다. 자신들이 경험하는 불편한 상황을 비성경적인 관점으로 바라보기 때문이다.

이사야 40장은 그릇된 사고방식을 한 가지 더 드러낸다. 하나님을 기억하며 살아가는 그리스도인이 많지만 "그들이 기억하는 하나님은 작고, 멀고, 초연하고, 무관심하고, 지혜롭지 않아 보이는 분이라는 것"이다. 그들이 고통을 느끼는 이유는 단지 상황의 어려움이 커서가 아니라 그들이 믿는 하나님이 작아서다. 어려움을 겪는 와중에 내게 찾아와 하나님에 관해 말하는 사람이 많다. 그들의 말을 다 듣고 나면 그들이 말하는 하나님을 믿었다가는 도움을 받기는커녕 온통 두려움만 가득할 것 같은 생각이 든다.

이사야 40장은 그렇게 되지 않도록 우리를 도와준다. 이사야 40장은 우리 상황에 근거해 하나님의 크기와 보살핌의 정도를 측정하려는 사람들의 오랜 습성을 여실히 보여준다. 삶에서 부딪치는 상황에만 근거해 하나님을 평가하거나 그분이 무슨 일을 하고 계시는지 헤아리려 한다면, 그분을 바라보는 우리의 관점은 정확하지도, 견고하지도 않을 것이다. 불붙은 가시떨기 앞에 서 있던 모세, 요단강 건너편에 머물렀던 이스라엘 백성, 골리앗과 블레셋 족속과 싸우러 나갔던 이스라엘 군대,

미디안 족속을 물리치라는 소명을 받은 기드온, 예수님이 체포되자 서둘러 도망쳤던 제자들 모두 그런 잘못을 저질렀다. "이미"와 "아직" 사이에서 이 세상을 돌아보면 악인은 승승장구하고, 하나님은 무능하거나 무관심하신 것처럼 보일 때가 많다.

살다 보면 하나님을 이해하기 어렵고 그분이 멀리 계시는 것처럼 느껴질 뿐 아니라 그분이 우리의 행복을 지켜줄 수 있다는 증거를 찾기가 어려운 때가 종종 있다. 그렇기 때문에 이사야 40장이 가르치는 세계관이 그토록 중요한 것이다. 이사야 40장은 우리의 실질적인 무신론, 곧 하나님을 하찮게 생각하는 잘못된 사고를 보여준다. 올바른 신학적 사고는 상황을 바라보는 **우리의 관점**이 아니라 우리에게 변하지 않는 영광을 계시하신 **하나님 말씀**에 근거한다. 그 영광을 보지 못할 때에는 이사야 40장의 생생하고 강력한 말씀을 통해 **경이로우신 하나님을 세계의 중심에 세우는 올바른 세계관**을 회복해야 한다.

우리가 신자로서 갖는 희망은 모두 이사야가 계시한 하나님의 영광에 근거한다. 순종의 행위는 모두 경이로운 위엄을 지니신 하나님이 존재하신다는 믿음에서 비롯한다. 용기 있는 믿음의 행위도 모두 그런 하나님이 우주의 보좌에 앉아 계시다는 사실을 바르게 이해하는 데서 비롯한다. 이사야가 인간의 언어를 최대한 활용해 묘사한 현실을 기억한다면, 시련의 와중에서도 기꺼이 인내할 수 있는 힘이 솟아날 것이다.

하나님의 영광을 의식하면 이원화된 삶, 곧 실제 생활과 영적 생활을 분리해서 살아가는 삶을 극복할 수 있다. 그러면 그냥 "삶"이라고만 일컫는 하나의 삶만 남는다. 모든 것이 그 안에서 이루어진다. 이사야 40장은 어떤 삶을 가르칠까? 이사야 40장은 또 다른 삶을 가르치지 않는다. 삶에서 일어나는 모든 것을 이해하고 해석하는 데 필요한 안경을 제공할 뿐이다. 이사야 40장이라는 안경을 써야만 우리 자신과 다른 사람들, 삶의 의미와 목적, 옳은 것과 그른 것, 정체성, 도덕성, 역사, 미래 등을 올바로 이해할 수 있다.

이 세계관을 실천에 옮겨 우리 삶에 적용하려면 많은 노력이 필요하다. 아침에 잠자리에서 일어날 때마다 의무, 책임, 기회, 어려움, 관계, 결정, 관심사 등이 마치 봇물 터지듯 마음속에서 솟구친다. 우리는 그런 것에 매우 쉽게 정신을 빼앗긴다. 하나님을 생각하지 않고 망각 속에서 하루를 살기는 정말 쉽다. 하나님을 경외하는 마음이 아닌 속된 근심에 사로잡혀 삶의 짐을 모두 어깨에 짊어진 채 사는 것이나, 성경에 근거한 신학을 토대로 형성된 세계관을 우리의 행동과 반응과 결정과 계획에 전혀 적용하지 않고 형식적으로만 받아들이는 것 역시 매우 쉽다.

이원화된 삶은 생각보다 훨씬 자연스럽게 느껴진다. 우리는 삶을 실제 생활과 영적 생활로 나누는 경향이 강하다. 이사야 40장이 묘사하는 경이로운 하나님의 실재를 충분히 의식하지 못한다. 전에 우리에게 경외심을 불러일으키던 것이 더는 영향력을 발휘하지 못한다. 이것이 이사야 40장이 기록되어 보존되어온 이유다. 우리는 너나할 것 없이 모두 거듭 경외심을 충전해야 한다. 우리의 세계관 가운데 잘못된 것을 바르게 파악해 제거해야 한다. 경외심을 자아내는 무한하고 광대한 하나님의 영광이 우리의 일상생활을 구성하는 모든 것에서 중심을 차지해야 한다는 사실을 잊어서는 안 된다. 이 영광을 의식하지 못하는 세계관은 현실을 왜곡하고 거짓된 삶을 살아가게 만든다. 이사야 40장은 단지 삶의 영적 차원을 드러내는 데 그치지 않고, 삶의 모든 것을 옳게 볼 수 있게 만드는 안경 역할을 한다. 그 밖에 다른 인생관은 모두 카니발 글라스(다양한 무지개 색깔을 띠도록 가공한 유리 제품_편집자)를 통해 보는 것과 같다. 그 글라스에 비춰보면 사물의 모양이 모두 뒤틀려 보인다.

이사야 40장이 전하는 위로는 영원한 희망을 품고 있는 유일한 세계관을 제시한다는 것이다. 이사야 40장이 우리에게 위로가 되는 이유는 삶을 이해하도록 돕거나 미래를 점칠 수 있게 하기 때문이 아니라 지고한 권위로 만물을 다스리시는 하나님의 영광을 상기시켜주기 때문이다. 영광의 하나님이 만물을 다스리지 않으시면 우리는 그 안에 매몰되어 모든 희망과 위로를 잃고 말 것이다. 우리는 "너희 하나님이 이곳에 계신다"라고 외치는 이사야의 음성을 반복해서 들어야 한다. 우리는 그가 묘사한 하나님의 경이로운 영광으로 마음속에 있는 온갖 의심과 두려움, 절망과 불안, 근심과 통제 욕구, 냉소적 성향을 말끔히 씻어내야 한다.

이원화된 삶의 징후

이 글을 쓰면서 나 스스로 깨닫는 바가 많았다. 사실 이 글을 쓰는 동안 나는 영적으로 가장 힘들고 절망적인 사역 시기를 거치고 있었다. 올바른 선택을 하려고 노력했지만 여러 번 실패의 쓴 잔을 마셔야 했다. 나를 사랑하는 사람들이 나를 공격했고, 사역을 포기하고 싶은 심정을 느낀 적이 한두 번이 아니었다. 나는 이렇게 생각했다. "사역을 잊고, 교회를 잊자. 나를 아는 사람이 아무도 없는 곳에 가서 조용한 삶을 살고 싶다. 나를 공격하는 사람들을 뭐 하러 애써 돕는단 말인가. 이 모든 무거운 짐과 스트레스를 더 이상 견디고 싶지 않다. 불편한 대화와 힘든 결정에 시달리는 것도 이제 지쳤다. 더는 사적인 일이 공개되는 것도 싫다. 기도하고 또 기도해도 아무것도 변하지 않고, 오히려 상황만 더 악화될 뿐이다. 오해를 사며 고독하게 지내는 것도 더는 못 견디겠다."

이런 생각과 감정을 글로 옮기는 일은 매우 곤혹스럽지만, 이것이 최근에 내가 겪은 현실이다. 지난 6개월 동안 이사야 40장의 복음을 나 자신에게 잘 적용하지 못했다는 생각이 든다. 다른 사람들에게 그 복음을 전하면서도 정작 나 자신은 이사야 40장이 주는 위로와 희망을 전혀 느끼지 못했다. 이 글을 쓰면서 내가 절실히 필요로 하지 않는 진리를 가르치고, 전하고, 글로 쓰는 것은 불가능하다는 것을 깨달았다. 내가 쓰는 글을 나 자신이 먼저 받아들이지 않는다면 차라리 글쓰기를 중단하는 편이 낫다. 이 책을 읽는 동안 잊지 말고 나를 위해 기도해 주기 바란다. 하나님의 도우심으로 용기와 희망을 품고 내가 쓰는 글대로 살아갈 수 있도록 기도해 달라.

이제 이원화된 삶의 징후를 몇 가지 살펴보기로 하자.

염려. 예수님이 마태복음 6장에서 제자들에게 던지신 질문이 생각난다. "왜 염려하느냐?" 예수님 말씀에 따르면, 염려는 하늘에 계신 아버지가 없는 이방인(불신자)들이나 하는 것이다. 그러면서 예수님은 무엇이 필요한지 다 아시는 아버지가 계시고, 그분이 필요한 것을 모두 공급해 주신다는 사실을 제자들에게 상기시켜주셨다. 그분은 그리스도인의 염려는 하나님을 바라보는 관점과 밀접한 관계가 있다고 설명하셨다. 하나님을 경외하는 마음이 우리 마음을 사로잡지 못하면 삶에 대한 염려가 우리가 살아가는 방식에 영향을 끼치게 된다.

통제 욕구. 왜 우리는 스스로 모든 것을 통제하려고 애쓸까? 왜 권세를 쥐려고 힘쓸까? 어째서 권위에 복종하기보다 스스로 권위자가 되려고 노력할까? 통제력을 잃는 것을 두려워하는 이유는 무엇일까? 왜 통제받는 것을 싫어하고, 우리 삶이 통제를 벗어났다고 생각할까? 왜 우리 자신이 옳고, 인정받고, 정당화되고, 존중받고, 권력을 쥐어야만 만족하려들까? 어째서 우리에게 이래라 저래라 하는 말을 듣기 싫어할까? 우리 가운데 통제를 중대한 문제로 생각하는 사람이 그토록 많은 이유는 무엇일까?

경이로운 영광을 지니신 하나님이 우리의 일거수일투족을 신중하게 다스리고 계신다는 것을 알아야만 이 혼란스런 세상에서 마음의 평화를 유지하고, 권위에 복종하며, 권력을 양보하고 공유할 수 있을 것이다. 우리가 온갖 불안 속에서도 안식할 수 있는 이유는 우리 자신이 모든 문제를 해결할 수 있기 때문이 아니라 하나님이 모든 것을 다스리시기 때문이다. 하나님의 영광을 경외하면 우리가 삶에서 부딪치는 사람들과 상황을 통제하려고 애쓸 필요가 없다.

중독. 우리가 약물이나 사람, 소유, 경험에 그토록 쉽게 중독되는 이유는 무엇일까? 어떤 것에 이미 통제당하고 있으면서도 왜 우리는 그것을 스스로 통제할 수 있다고 믿는 것일까? 피조물이 주는 쾌락을 거부하는 것이 그토록 어려운 이유는 무엇일까? 우리가 구하는 것을 주지 못할 뿐 아니라 우리에게 해롭기까지 한 것을 얻으려고 그토록 발버둥치는 이유는 무엇일까? 대답은 간단하다. 오직 창조주만 하실 수 있는 일을 우리가 피조물을 통해 이루려고 하기 때문이다. 우리는 우리가 구하는 안식과 평화, 희망과 생명을 얻을 수 없다. 우리가 얻을 수 있는 것은 일시적인 휴식이나 쾌락, 쾌감뿐이다. 따라서 그런 것을 계속 반복하지 않으면 안 된다. 더욱이 횟수가 거듭될수록 우리는 더 많은 것을 원하고, 그러다가 곧 거기에 속박되기에 이른다. 하나님을 경외하는 마음이 우리를 사로잡지 못하면, 어떤 것에 쉽게 중독될 수밖에 없다.

우울증. 매우 복잡한 이 경험을 지나치게 단순화할 생각은 없다. 우울증으로 고통당하는 사람들의 어려움을 과소평가하고 싶지 않다. 그러나 인간의 몸과 마음을 마비시키는 우울증의 정신적 요인 가운데 하나는 경이로우신 하나님을 고려하지 않는다는 것이다. 그것은 창문 하나 없는 칠흑 같은 지하실에 들어가 앉아 있으면서 더 이상 태양이 빛을 비추지 않기 때문에 온 세상에 견딜 수 없는 추위가 닥쳐와 곧 죽게 될 것이라고 생각하는 것이나 다름없다. 문제는 태양이 빛을 비추지 않기 때문이 아니다. 지하실에서 나와 위층으로 올라가면 즉시 밝은 빛과 온기를 느낄 수 있다. 문제는 그 밝은 빛을 보지 못한 채 태양이 더 이상 빛을 비추지 않으니 이제는 아무 희망이 없다고 단정하는 것이다. 하나님을 배제한 인생관은 절망이 싹트기 쉬운 온상이다.

채무. 우리가 가진 것보다 더 많이 소비하는 이유는 무엇일까? 왜 끊임없이 더 많은 것을 탐할까? 왜 우리는 부유한 자들을 시기할까? 왜

버는 것보다 더 많이 쓰기를 좋아할까? 가진 것에 만족하기가 어려운 이유가 무엇일까? 물질주의를 다룬 장에서 이 모든 문제의 대답을 제시했지만 다시 한 번 간단히 요약하면 다음과 같다. 깊은 만족을 주는 창조주의 경이로운 영광을 잊으면 피조물에서 만족을 찾을 수밖에 없다. 우리는 끊임없이 더 많은 것을 얻으려고 애쓰지만 진정한 만족에는 이르지 못한다. 피조물은 우리 마음을 만족시킬 수 없기 때문이다.

사람에 대한 두려움. 사람들이 우리를 대하는 태도에 따라 우리의 감정이 롤러코스터를 타는 이유가 무엇일까? 왜 어느 한 사람의 평가에 집착할까? 왜 누군가에게 인정받기 위해 우리의 신념까지 저버리는 것일까? 왜 우리는 대화를 나눈 뒤에 그것을 곰곰이 되씹으며 깊이 후회하는 것일까? 어째서 고민을 솔직하게 털어놓지 못할까? 왜 남들이 알까 봐 두려워하는 것일까? 이사야 40장이 전하는 경이로우신 하나님이 아니라 주변 사람들을 통해 자신의 정체성을 발견하려고 애쓰면 사람을 두려워할 수밖에 없다.

일중독. 왜 우리는 맡겨진 만큼 일하는 것에 만족하지 않고 더 오래, 더 열심히 일하는 것일까? 왜 성취에 민감하고, 성공에 집착하는 것일까? 왜 조금 더 많은 것을 성취하기 위해 가족과 우정을 희생하는 것일까? 지위와 권력을 중요하게 여기는 이유가 무엇일까? 이사야 40장이 묘사하는 영광스러운 하나님과의 관계를 통해 평화를 얻으려 하지 않고 세상에 드러난 성공의 이력을 통해 평화와 안식을 얻으려고 애쓴다면, 우리는 마땅히 해야 할 일보다 더 많은 일을 하려고 할 가능성이 높다.

불만족. 좌절된 꿈과 불만족스러운 마음에서 비롯하는 아픔과 고통은 우리 생각에 영향을 줄 뿐 아니라 말을 통해 표출되게 마련이다. 그런 아픔과 고통은 우리가 믿는다고 고백하는 하나님의 영광(이사야 40장)과 우리가 일상생활 속에서 생각하고 살아가는 방식이 서로 얼마나 동떨어져 있는지를 잘 보여준다. 우리가 만족하지 못하는 이유는 단지 사람들이 변덕스럽다거나 삶이 어려워서가 아니다. 삶이 이원화되어 있기 때문이다. 이사야 40장 마지막에 언급된 새로운 활력과 안식을 누리지 못하는 이유는 삶을 바라보는 우리의 관점(세계관)과 우리 생각의 중심에 이사야 40장이 증언하는 경이로우신 하나님이 서 계시지 않기 때문이다.

어두운 지하실에서 나와 하나님의 존재와 영광에서 비롯하는 빛을 통해 위로와 용기를 얻으려는 마음과 힘을 허락해 달라고 기도하라. 내가 이해할 수 있고 통제할 수 있고 인정받을 수 있어서가 아니라 하나님이 만물을 다스리시고 지극히 영광스러우시며 늘 은혜로 우리를 위하시기 때문에 힘차게 날아오를 수 있다는 것을 믿으라.

교회가 안고 있는 문제의 근원은 인력을 운용하거나
사람들을 훈련하는 것이 아니다.
예수 그리스도의 교회는 경외심의 문제를 안고 있다.
교회는 사역과 관련된 싸움이 아닌
경외심과 관련된 싸움에서 패배하고 있다.

CHAPTER 11

경외심을 되찾을 때 교회와의 관계가 새로워진다

하나님의 영광을 나타내고자 하는 강한 소원이 없다면,
그 이유는 우리가 깊이 들이켜 만족했기 때문이 아니라
세상이라는 식탁을 너무나 오랫동안 갉아먹어왔기 때문이다.
우리 영혼 안에 온갖 작은 것이 가득 들어찬 탓에
위대한 것은 들어갈 수 있는 공간이 없다.

_존 파이퍼[9]

[12]그러므로 너희는 하나님이 택하사 거룩하고 사랑 받는 자처럼 긍휼과 자비와 겸손과 온유와 오래 참음을 옷 입고 [13]누가 누구에게 불만이 있거든 서로 용납하여 피차 용서하되 주께서 너희를 용서하신 것같이 너희도 그리하고 [14]이 모든 것 위에 사랑을 더하라 이는 온전하게 매는 띠니라 [15]그리스도의 평강이 너희 마음을 주장하게 하라 너희는 평강을 위하여 한 몸으로 부르심을 받았나니 너희는 또한 감사하는 자가 되라 [16]그리스도의 말씀이 너희 속에 풍성히 거하여 모든 지혜로 피차 가르치며 권면하고 시와 찬송과 신령한 노래를 부르며 감사하는 마음으로 하나님을 찬양하고 [17]또 무엇을 하든지 말에나 일에나 다 주 예수의 이름으로 하고 그를 힘입어 하나님 아버지께 감사하라 (골 3:12-17).

짐은 셰리와 함께 자동차를 몰고 "제일침례교회"로 향하던 순간을 결코 잊지 못할 것이라고 말했다. 교회 터와 건물에서는 한눈에 봐도 오랜 역사와 견실함이 고스란히 드러났다. 제일침례교회는 거의 200년 전에 설립되어 지금까지 충실하게 복음을 전해 왔다. 짐과 셰리는 거대하고 아름답고 전통어린 교회를 보고 마음을 놓았다. 그러나 그 교회에 다닌 지 1년도 못 되어 그들은 전통에 질식될 듯한 심정을 느끼기 시작했다. 셰리는 짐에게 예배 도중에 재채기조차 할 수 없을 만큼 너무나 전통적이라서 더는 교회에 나가기가 어렵다고 말했다.

그 무렵 한 친구가 셰리에게 "빈야드교회"를 소개했다. 그들은 시험 삼아 한번 나가보기로 했다. 셰리는 그곳을 처음 방문하고 나서 "아, 이제 좀 숨통이 트이는 것 같아"라고 말했다. 빈야드교회에 나가는 것은 그들에게 그리 어려운 결정이 아니었다. 제일침례교회의 전통주의를 경험한 그들은 창고 같은 건물 분위기와 조금은 무질서한 예배가 마음에 들었다. 짐은 셰리에게 제일침례교회의 신학 강좌 같은 설교보다는 훨씬 알아듣기 쉽다고 말했다. 그러나 오래지 않아 그들은 그곳의 설교가 점점 식상해졌다. 두서없이 마구 농담을 섞어 전하는 설교가 심히 못마땅했다. 그들은 또다시 다른 교회를 찾기 시작했다.

그러던 중 그들은 우연히 "플리트 스트리트 장로교회"를 발견했다. 어느 금요일 저녁, 외식하러 들른 식당에서 불과 한 블록 떨어진 곳에 위치한 교회였다. 당시 주차할 만한 곳을 찾다가 교회 바로 앞자리에 차를 세워두게 된 것이다. 그들은 그 교회에 한번 가보기로 했다. 처음 방문한 주일에는 마침내 전통과 자유가 적절하게 어우러진 교회를 찾았다고 생각했다. 예배는 전통적인 요소를 더러 갖추고 있었지만 교인들은 대체로 젊은 층에 속했고, 예배 음악도 활력이 넘쳤으며, 목회자는 현대적인 전달 방식을 사용해 성경의 진리를 전했다. 그런데 짐과 셰리가 플리트 스트리트 장로교회에 출석하는 동안, 그들의 결혼생활에 약간의 문제가 생기기 시작했다. 그들은 교회에서 상담 사역이 잘 운영되고 있는 것을 보고 다행으로 여기며 곧 도움을 요청했다. 그러나 상담이 두 차례 진행되고 나서 짐은 상담 내용에 큰 불만을 느꼈다. 상담사에 대한 신뢰를 잃었을 뿐 아니라 그런 식의 "도움"을 제공하는 교회도 더 이상 나갈 마음이 없었다.

그 후 짐과 셰리는 우편으로 온 전단지를 통해 "임마누엘교회"라는 작은 교회를 알게 되었다. 그들은 달리 선택할 길이 없었기 때문에 그 교회에 나가보기로 했다. 첫 번째 주일은 매우 불편했다. 교인이 60여 명밖에 되지 않았기 때문이다. 누군가의 가족이 함께 모인 자리에 참석한 것처럼 느껴졌다. 그러나 교인들이 매우 친절했기 때문에 다시 나가기로 결정했다. 짐과 셰리가 임마누엘교회를 마음에 들어할 즈음, 그들의 십 대 자녀들이 불만을 털어놓기 시작했다. 엠마와 조쉬는 십 대 청소년이 고작 한 명밖에 없다는 이유로 그 교회에 나가길 싫어했다. 그들은 부모가 자기들에게 아무런 도움도 되지 않는 교회를 선택한 이유를 이해할 수가 없었다. 짐과 셰리는 주저하면서도 아무런 계획 없이 임마누엘교회를 떠났다.

현재 짐과 셰리는 한 달에 약 두 차례씩 초대형 교회에 나가고 있다. 그들은 교회에 나갔다가 눈에 띄지 않게 조용히 빠져나올 수 있는 것을 좋게 여긴다. 그들은 교회 활동에 동참할 의사가 전혀 없다. 자녀들도 마지못한 태도로 주일 아침에 그들을 따라 교회에 나갈 뿐, 교회의 청소년 사역에 아무 관심이 없다.

　이제 이번 장 서두에 인용한 성경 말씀으로 돌아가 신자와 교회의 관계를 생각해 보자. 각자 자신이 다니는 교회가 어떤 방식으로 사역을 행하고 있고, 교인들에게 무엇을 기대하는지 생각해 보라. 골로새서 3장 12-17절은 시류를 거스르는 혁신적인 관점에서 하나님이 의도하신 교회의 본질과 실천을 다루고 있다. 이 말씀은 대부분의 신자들이 자신이 출석하는 교회와 수동적인 관계를 맺고 있는 것을 날카롭게 비판한다 (이것은 매우 긴급한 문제이기 때문에 나중에 골로새서 3장을 주제로 책을 한 권 쓸 계획이다).

　짐과 셰리처럼 행동하는 그리스도인이 그토록 많은 이유는 무엇일까? 교회를 다니는 많은 그리스도인이 골로새서 3장에서 말하는 것처럼 살지 못하는 이유는 무엇일까? 우리 가운데 많은 사람이 교회를 삶의 가장 중요한 핵심으로 여기지 않고, 단순히 출석하는 것으로 만족하는 이유는 무엇일까? 우리는 왜 교역자가 사역의 짐을 모두 책임져야 한다고 생각할까? 교회의 본질에 관한 바울의 이해를 받아들이는 사람이 적은 이유는 무엇일까? 왜 더 많은 신자가 훈련을 받아 하나님이 그들을 부르신 사역을 행하기 위한 준비를 갖추지 못하는 것일까? 짐과 셰리가 교회 문제로 어려움을 겪은 근본 이유는 무엇일까?

　이런 질문들에 대한 대답은 골로새서 3장 첫 부분에서 찾을 수 있다. "그러므로 너희가 그리스도와 함께 다시 살리심을 받았으면 위의 것을 찾으라 거기는 그리스도께서 하나님 우편에 앉아 계시느니라 위의 것을 생각하고 땅의 것을 생각하지 말라"(골 3:1-2). 골로새서 3장 12-17절에 언급된 혁신적인 교회생활 방식은 그 구절에 묘사된 대로 하나님이 먼저 우리 마음을 사로잡으셔야만 비로소 가능해진다.

신앙 상품을 파는 교회, 교회를 고르는 신자들

오늘날 예수 그리스도의 교회 안에는 기독교적 고객 중심주의가 충격적일 정도로 만연하다. 교회를 헌신적으로 섬겨야 할 곳이 아닌 단순히 출석하는 곳으로 생각하는 신자가 매우 많다. 그들에게 교회는 그저 일주일에 한 차례 예배를 드리는 곳, 곧 자신들의 삶에서 종교 영역에 속하는 의무를 이행하는 곳일 뿐이다. 안타깝게도 목회자들도 대부분 출석률이 꾸준히 향상하거나, 교회의 각종 프로그램을 운영하는 데 필요한 재정이 넉넉하거나, 이따금 교회 사역에 자원해서 봉사하는 몇몇 신자만 있다면 크게 불만스러워하지 않는다. 많은 교회에서 교회의 영적 건강을 보살피는 일은 모두 교역자의 몫이고, 나머지 교인들은 그것을 받아들이는 입장에 선 것으로 만족한다.

사람들은 동네에 있는 교회들이 단순한 종교 백화점인 양 이 교회, 저 교회 기웃거린다. 그들은 능력 있는 설교자, 여성 사역, 청소년 사역, 예배 방식 등과 같은 품목을 구입한다. 이런 식으로 이루어지는 교회와 신자의 관계는 메이시 백화점과 고객의 관계와 크게 다르지 않다. 메이시 백화점에 가서 원하는 색깔과 모양의 셔츠를 찾아봤는데 마음에 드는 것이 없으면, 아무런 죄책감도 느끼지 않고 그곳을 빠져나와 블루밍데일 백화점으로 발길을 옮기면 그만이다. 내가 원하는 것을 찾을 때까지 이 가게, 저 가게 돌아다니는 이유는 특정한 가게보다 나 자신과 마음에 드는 셔츠를 사고픈 욕구를 더 중요하게 생각하기 때문이다.

이런 식으로 교회생활을 하는 신자가 허다하다. 그들은 쇼핑객처럼 당장 필요한 거래에만 관심을 기울인다. 유명한 설교자, 토요일 저녁 예배를 위한 멋진 연주단, 최상의 청소년 사역 프로그램 같은 것을 찾는다. 그들은 기대치는 높고 헌신도는 낮은 교회 출석자일 뿐이다. 그런 사람들은 마음에 들어하는 지금 교회를 떠나 또 다른 교회에서 예배를 드릴 가능성이 매우 높다.

교회 안에서 익명으로 살아가는 신자가 적지 않다. 그들은 아무도 모르게 살짝 예배만 드리고 돌아간다. 물론 그들은 곁에 있는 사람들과 대화를 나눌 수도 있다. 그러나 서로의 삶에 관한 잡다한 정보를 잠시 교환하는 것으로 만족한다. 그들이 말하는 교제는 대부분 진정한 교제와 거리가 멀다. 그들의 대화 내용은 동네 술집에서 나누는 대화와 별다른 차이가 없다. 정직하게 말하면 그것은 술집에서 나누는 한담에 지나지 않는다. 다른 사람들의 결혼생활이나 부모로서 겪는 어려움, 심각한 고민거리를 전혀 알지 못하는 기독교 공동체 안에서 살아가는 그리스도인이 매우 많다. 그들은 서로의 삶에서 일어나는 사사로운 일들, 거듭 그들을 걸려 넘어지게 만드는 유혹, 하나님의 선하심을 의심하게 만드는 문제를 전혀 알지 못한다. 그들의 교회생활은 한쪽이 고통을 느끼면 몸 전체가 고통을 느끼는 유기적인 신앙 공동체에 속한 지체의 삶과는 전혀 상관이 없다. 그들은 동네에서 가장 훌륭한 종교 상점을 찾아 헤매는 영적 쇼핑객일 뿐이다.

사역에 헌신하지 않는 신자는 그보다 훨씬 많다. 물론 그들은 헌금함에 약간의 돈을 기부해서 사역의 짐을 짊어진 전문 사역자의 사례비를 충당하지만, 사역에는 조금도 관심이 없다. 그들에게 사역은 교회가 고안한 뒤 프로그램으로 만들어 일정을 맞춰 진행하는 형식적인 종교 행사에 지나지 않는다. 사역에 참여한다 해도 그런 생각을 가지고 있는 한, 잠시 시간을 내어 특정한 사역을 행하고 나서 다시 본래의 삶으로 되돌아가는 것밖에 되지 않는다. 그런 사역 활동은 영적으로 특별한 열심을 지닌 사람들이 일상적으로 반복되는 활동을 잠시 중단하고 참여하는 예외적인 활동으로 간주된다. 단순히 하나님 나라 사역을 받아들이는 데 그치지 않고 그 나라의 사역을 위한 도구가 되게 하시려고 하나님이 우리에게 은혜를 베푸셨다는 믿음에 근거한 삶의 방식을 따르는 신자들이 과연 얼마나 될까? 그런 믿음을 가지고 있다면 항상 사역에 관심을 기울이며 일상의 삶을 모두 사역으로 여길 것이 틀림없다. 사역은 일상생활을 잠시 중단하게 만드는 예외적인 요소가 아닌 본질적인 요소다.

기독교를 "아메리칸 드림"과 결부시켜 생각하는 사람이 생각보다 훨씬 많다. 그들은 알게 모르게 성공에 관한 세속적인 개념에 젖어들어 주변 문화가 말하는 "행복한 삶"(고속 승진, 경제적 안락, 큰 집, 고급 승용차, 값비싼 음식, 호사스런 휴가 따위)을 추구한다. 따라서 그들은 육체적, 감정적, 정신적 활력을 교회라는 통로를 통해 영원한 하나님 나라를 위해 바치는 것이 아니라, 세상의 것을 얻고 유지하고 소유하고 즐기는 데 쏟아 붓는다. 그들의 소명은 문화적인 꿈을 좇는 것이고, 그들의 기독교는 종교적 여흥일 뿐이다.

"왜 그럴까?" 자신에게 물어보라. 이것이 보편적인 현상이 되어버린 이유가 무엇일까? 교회와 수동적인 관계 가운데 있는 그리스도인이 그토록 많은 이유는 무엇일까?

하나님이 가르치신 혁신적인 삶

골로새서 3장은 교회와 관련하여 "헌신적인 마음"에서 비롯하는 "혁신적인 삶의 방식"을 가르친다. 먼저 혁신적인 삶의 방식에 관해 생각해 보자. 이 삶은 내가 다른 책에서 "전체 참여의 패러다임"이라고 일컬은 것과 밀접하게 관련된다.[10] 무슨 뜻일까? 이 말은 하나님의 백성 모두가 그분의 구원 사역에 항상 참여하는 것이 곧 그분의 뜻이라는 것이다. 단지 사역을 받아들이기만 하라고 은혜를 허락받은 사람은 아무도 없다. 우리는 모두 다른 사람들의 삶에서 은혜의 도구가 되어 일해야 한다. 본문은 하나님이 우리를 부르신 혁신적인 삶의 방식이 지닌 다섯 가지 특성을 부각시킨다. 즉, 이 삶의 방식을 따르려면 다음과 같은 태도가 필요하다.

1. 교회와 맺은 관계를 진지하게 받아들이라(12-14절). 이 구절은 긍휼, 자비, 겸손, 온유, 오래 참음, 용서와 같은 몇 가지 인격적 특성을 나열하고 있다. 하나님은 모든 그리스도인이 서로의 관계 속에서 그런 인격적 특성을 발전시켜나가기를 기대하신다. 이런 인격적 특성은 이 삶의 방식에서 토대를 형성한다. 그뿐 아니라 우리의 관계를 주관하는 주체가 우리가 아닌 하나님이며, 그분은 우리보다 더 고귀한 목적을 지니고 계시다는 점을 일깨워준다.

정직한 사람이라면 누구나 우리가 일상 속 관계를 사역의 관점에서 바라볼 때가 거의 없다는 사실을 인정할 것이다. 우리는 우리의 관계를 자신의 행복을 위한 수단으로 간주한다. 그럴 경우에는 다음과 같은 일이 나타날 가능성이 높다.

(1)사역의 순간이 분노의 순간으로, 곧 다른 사람의 죄나 필요가 은혜의 기회가 아닌 방해거리나 다툼의 기회로 바뀐다. (2)그렇게 되는

이유는 우리 자신과 아무 상관이 없는 일을 마치 상관이 있는 일처럼 받아들이기 때문이다. 그런 경우, 실제로 상대방은 우리에게 책임을 물을 생각이 전혀 없는데 우리는 그런 것처럼 받아들이게 된다. 하나님이 다른 사람의 필요를 우리에게 드러내시는 이유는 은혜의 도구가 될 수 있게 하시기 위해서다. (3)우리 자신과 아무 상관이 없는 일을 마치 상관이 있는 일처럼 받아들이면 적대적인 반응을 내비치기 쉽다. 다른 사람들을 위하지 않고 적대시하는 이유는 그들이 우리가 원하는 것을 방해한다고 생각하기 때문이다. (4)결국에는 하나님의 은혜를 문제의 핵심에 적용하지 못한 채 단지 상황만 염두에 둔 섣부른 미봉책에 만족할 수밖에 없다. 그렇게 되면 반격하거나 회피하는 태도를 취하려고 할 뿐, 하나님의 손에 들린 도구가 되기는 어렵다.

하나님은 이런 인격적 특성이 일상에서 맺고 있는 관계를 변화시켜 그것이 우리의 행복을 위한 수단이 아니라 구원자이신 주님의 은혜를 통해 변화의 역사를 일으키는 계기가 되기를 바라신다.

2. **복음의 평강(평안) 안에서 안식하라**(15절). 바울이 "그리스도의 평강"이 우리 마음을 주장하게 하라고 말한 이유는 무엇일까? 이 말씀은 바울이 관계로 인한 평안을 뛰어넘는, 좀 더 근본적인 평안을 언급하고 있음을 암시한다. 일상에서 지속적으로 평안하려면 먼저 그리스도의 평강을 얻는 것이 필요하다. 그리스도의 평강을 얻어야 하는 이유는 무엇일까? 주 예수 그리스도의 복음 안에서 우리의 정체성과 안전감을 발견해야만 비로소 마음의 평안을 얻을 수 있기 때문이다.

우리는 죄 사함을 얻어 평안을 누리게 되었기 때문에 우리의 속사정이 드러나는 것을 두려워하지 않아도 된다. 우리 자신에 관해 알려질 수 있는 사실 가운데 그리스도의 희생 사역을 통해 이미 깨끗하게 용서받지 못한 것은 아무것도 없다. 그리스도께서 우리를 받아주심으로 평안을 얻었기 때문에 사람들이 우리를 대하는 태도에 따라 이리저리 흔들리지 않아도 된다. 우리 안에 거하시는 그리스도의 능력 안에서 평안을 얻었기 때문에 개인적인 사역을 행하면서 부딪치는 시련이나 난관을 겁낼 필요가 없다. 복음은 다른 사람들을 도외시한 채 오직 자신에게만 관심을 기울이는 삶의 태도에서 우리를 자유롭게 해준다.

3. 하나님의 말씀을 열심히 배우라(16절). 내 경험에 비춰보면, 성경을 개인의 삶에 적절하면서도 효과적으로 적용하는 능력을 지니기는커녕 아예 성경을 거의 알지 못하는 그리스도인이 대부분이다. 성경을 잘 알지 못하면 그저 일상의 삶을 위한 지혜로운 조언을 모아놓는 책 정도로 여겨 자신이 처한 상황에 가장 적합해 보이는 구절만 찾으려는 경향을 내비치기 쉽다. 그런 태도는 구원이라는 성경의 장엄한 주제, 즉 소망의 근거를 제공할 뿐 아니라 하나님이 우리에게 요구하시는 혁신적인 삶의 방식을 독려하는 이 주제를 간과할 수밖에 없다. 또한 안타깝게도 그런 태도는 결국 사역 기회를 인간적 조언을 제공하는 수준에 머물게 만든다. 하나님의 말씀을 잘 모르면, 하나님이 다른 사람들에게 허락하신 소명과 그들 안에 있는 그분의 은혜, 그들을 위한 그분의 지혜를 모두 무시한 채 오직 자신의 경험을 토대로 그들이 마땅히 해야 한다고 생각하는 일만 조언할 수밖에 없다.

4. 사역 기회를 찾으라(16절). 바울은 하나님 말씀이 우리 안에 풍성히 거해 서로 "가르치며" "권면해야" 한다고 말한다. 이 두 용어를 생각해 보라. 우리는 이것을 정식으로 훈련 받은 전임 사역자에게만 적용되는 사역 용어로 생각한다. 그러나 바울은 이 두 사역이 모든 신자에게 주어진 하나님의 소명이라고 분명하게 밝히고 있다.

교회는 나 혼자만 사역하는 곳이 아니라 모두가 사역을 행하는 공동체다. 그리스도인이라면 누구나 다른 그리스도인의 삶에서 제각기 주어진 역할을 감당해야 한다. 급진적인 말처럼 들릴지 모르지만, 하나님의 자녀 모두가 가르치고 권면하는 사역을 행하는 것이 그분의 계획이다. 이것은 무슨 의미인가? 어떻게 해야 하는 것인가? "가르친다는 것"은 하나님의 관점으로 삶을 바라볼 수 있도록 다른 사람들을 도울 기회가 주어질 때마다 기꺼이 헌신하는 것을 의미한다. "권면한다는 것"은 다른 사람들이 성경의 거울에 자신을 비춰볼 수 있도록 도울 기회가 주어졌을 때 기꺼이 헌신하는 것을 의미한다. 교회 안에서는 항상 가르침과 권면의 사역이 요구된다. 그러나 그 요구를 모두 감당할 수 있을 만큼 사역자가 충분한 교회는 어디에도 없다.

5. 내 삶은 더 이상 내 것이 아니라는 사실을 인정하라(17절). 바울은 무엇을 하든지 하나님의 이름으로 하라고 권고한다. 우리에게만 속하는 개별적이고 사적인 삶은 존재하지 않는다. 하나님이 우리를 소유하시고, 우리의 관계를 모두 주관하신다. 우리의 개인 사역은 우리 자신은 물론 우리가 가진 것을 모두 주님의 소유로 인정하는 데서 출발한다.

"위의 것을 생각하라"

왜 좀 더 많은 그리스도인이 이렇게 살지 못하는 것일까? 그 대답은 앞서 살펴본 말씀에서 찾을 수 있다. 골로새서 3장 2절은 "위의 것을 생각하고 땅의 것을 생각하지 말라"고 명령한다. 이 말씀은 이 책의 핵심 주제를 상기시킨다. 우리 마음속에서 격렬하게 일어나고 있는 근본적인 싸움을 기억하게 해준다. 이것이 내가 지금 독자들이 읽고 있는 이 책을 저술하게 된 이유다.

우리 모두가 이해해야 할 것이 있다. 교회(내가 말하는 교회는 제도가 아닌 사람들을 가리킨다)가 안고 있는 문제의 근원은 인력을 운용하거나 사람들을 훈련하는 것이 아니다. 예수 그리스도의 교회는 경외심의 문제를 안고 있다. 교회는 사역과 관련된 싸움이 아닌 경외심과 관련된 싸움에서 패배하고 있다. 사역에 참여하는 사람들이 매우 부족한 이유는 경외심 쟁탈전에서 패배하고 있기 때문이다.

실질적인 예를 들어 좀 더 설명해 보자. 오래전부터 나는 전도 훈련을 해도 복음전도자를 키워내기가 어렵다고 생각해 왔다. 전도 훈련은 이미 복음전도의 삶을 살고 있는 사람들을 훈련시키는 목적으로 진행되어야 한다. 그런 헌신적인 태도가 없다면 전도 훈련만으로는 복음전도자를 키워낼 수 없다. 상담 훈련도 상담사를 양성하지 못하기는 마찬가지다. 상담 훈련의 목적은 이미 개인 사역에 헌신적인 사람들에게 필요한 지식과 기술을 제공하는 것이기 때문이다.

이처럼 골로새서 3장 2절은 문제의 핵심을 정확하게 지적하고 있다. 모든 것은 마음의 태도에 달려 있다. 이 말씀은 경외심을 인식하는 기능을 담당하고 있는 마음이 무엇에 사로잡혀야 하는지를 분명하게 보여준다. 우리의 마음은 항상 무엇인가를 경외하게 마련이다. 마음속에서 이루어지는 생각, 소원, 동기, 목적, 선택은 마음이 무엇을 경외하느냐에 좌우된다. 이 말씀은 심원한 이 싸움을 간단히 두 가지 가능한 선택으로 압축한다. 마음이 수평적이고 물리적인 피조세계("땅의 것")에 대한 경외심에 사로잡혀 있느냐, 아니면 하나님과 그분의 사역, 은혜와 하나님 나라("위의 것")에 대한 경외심에 사로잡혀 있느냐 둘 중 하나다.

마음이 물리적인 세계의 사람과 장소, 경험과 상황을 경외하는 데 사로잡혀 있으면 우리의 육체적, 정서적, 영적 활력을 그곳에 쏟아 부을 수밖에 없다. 교회와 교회 사역, 다른 그리스도인들의 관계를 삶의 부속물로 취급하는 이유는 우리가 이 세상에서 참된 만족과 행복을 구하기 때문이다. 그런 식으로 살아가는 신자가 헤아릴 수 없이 많다. 물론 그들은 그리스도의 피로 구원받고 그분의 은혜로 하나님의 자녀가 되었다. 그러나 그들에게 교회는 단지 감사함으로 출석하는 곳일 뿐, 그들의 삶의 본질적인 측면은 아니다.

그러나 우리 마음이 차츰 하나님과 그분의 사역, 은혜와 하나님 나라에 대한 경외심에 사로잡히기 시작하면, 교회를 단지 출석하는 곳이 아니라 삶의 중요한 헌신이 이루어지는 곳으로 여기게 된다. 그리고 하나님이 우리를 이끄시는 곳에서 사역의 삶을 실천하기에 이른다. 하나님을 경외하는 마음이 우리 마음을 사로잡으면 삶의 일정이 사역에 초점을 맞추게 된다. 교회가 우리를 위해 이런저런 사역 계획을 제시할 필요가 없고, 우리 자신이 사역에 임하는 마음으로 일과 결혼생활, 자녀 양육, 가족과 친구들과 공동체를 섬길 수 있다. 하나님을 경외하는 마음은 삶이 내게 속했다는 생각이나, 사역을 일시적인 활동으로 간주하는 태도(삶의 작은 일부를 떼어 하나님께 드리고 나서 그 일이 끝나는 순간 신속하게 본래 삶으로 되돌아오는 태도)를 극복할 수 있게 해준다. 경외한다는 것은 하나님의 존재와 영광이라는 렌즈를 통해 삶의 모든 것을 바라보고, 삶 전체를 그분의 목적을 위해 바치면서 내 것이 아닌 그분의 것을 되돌려드려 사용하시게 하는 것뿐이라고 겸손히 인정하는 것이다.

교회 안에 땅의 것을 생각하는 사람이 많으면 대부분 교회와 수동적인 관계를 맺고, 몇몇 사역자만 사역의 짐을 짊어질 수밖에 없다. 그와 달리 교회 안에 위의 것을 생각하는 사람이 많으면 거실, 회의실, 침실, 자동차 안, 복도 등 모든 장소에서 날마다 일상적인 삶의 사역이 이루어질 수 있다. 어떤 경외심이 우리 마음을 사로잡느냐에 따라 사역이 우리 삶에서 차지하는 비중이 결정된다.

이번 장을 읽고 "내가 바로 그런 수동적인 사람이구나"라는 생각이 들더라도 죄책감을 느끼거나 낙담하지 말라. 그리고 구원자이신 주님께 달려가 자신의 마음을 지배하고 있는 것을 고백하고, 구원과 능력을 주는 은혜를 구하라. 기도할 때는 주님이 자신의 자녀가 부르짖는 소리를 결코 외면하지 않으신다는 것을 잊지 말라. 그러면 하나님을 경외하는 마음이 새롭게 솟아나는 것을 경험할 수 있을 뿐 아니라 늘 사역하는 마음 자세가 유지되어 교회와의 관계도 새롭게 변화할 것이다.

이는 그들이
하나님의 진리를 거짓 것으로 바꾸어
피조물을 조물주보다
더 경배하고 섬김이라
(롬 1:25)

자녀를 올바르게 양육하려면
아이들의 마음을 목표로 삼아야 한다.
자녀 양육은 경외심이라는 크고 중요한 원칙을 지향해야 한다.
아이들에게 최선을 다해
하나님의 영광과 그분의 은혜를 일깨워주어야만
하나님을 경외하는 마음이 그들을 사로잡을 수 있다.

CHAPTER 12

경외심을 되찾을 때
자녀는 영적 어둠에서 벗어난다

정신병자가 병실 벽에 "어둠"이라는 단어를 휘갈겨 쏜다고 해서
태양이 사라지는 것은 아니듯, 인간이 하나님을 예배하지 않는다고 해서
그분의 영광이 희미해지는 것은 아니다.
_ C. S. 루이스[11]

하나님이 정해 주신 가족의 역할은 무엇인가? 하나님은 어떤 부모가 되라고 말씀하셨는가? 그리고 어떻게 하라고 하셨는가? 무엇을 자녀 양육의 목적으로 삼아야 하는가? 주말에 부모로서 "행복한 한 주였다"라고 느꼈다면, 그 이유는 무엇인가? 이른 아침이나 늦은 밤에 아이들과 대화하는 목적은 무엇인가? 무엇을 위해 잔소리를 하는 것인가? 서로 다투는 자녀들을 타이를 때 그들에게 무엇을 일깨워주려고 노력하는가? 자신이 바라는 이상적인 자녀를 상상한다면 어떤 모습인가? 자녀 양육이 성공을 거두었다는 것을 어떻게 알 수 있는가?

세상에서 하나님의 대리자가 되어 인간의 영혼을 훈련하는 일보다 더 중요한 일은 없다. 그러나 부모들 가운데는 분명한 목적이나 원대한 계획을 생각하고 있는 사람이 그리 많지 않다. 부모로서 해야 할 일들을

이끌어줄 원대한 목적의식이 없다. 자녀들이 공손하고 예의 바르고 믿음을 갖길 바라는 마음으로 갖가지 노력을 기울이지만, 우리의 자녀 양육은 핵심적인 비전이나 포괄적인 목표를 중심으로 통합적으로 이루어지기보다는 단편적이고 즉흥적일 때가 많다.

주디는 낙심한 부모였다. 낙심한 상태에서 나를 찾아왔다. 그녀는 아이들과의 관계가 싫어지기 시작했다. 물론, 그녀는 아이들을 미워하지 않았다. 그녀가 싫어한 것은 자녀들과의 관계가 부정적으로 흘러가는 것이었다. "저는 변호사, 검사, 재판관, 배심원, 간수의 역할을 도맡아야 해요. 아침부터 밤까지 아이들이 말을 듣지 않을 때마다 몇 번이고 타이르고 벌을 주죠. 항상 아이들이 무슨 일을 저지를지 걱정하고, 아이들은 내가 다가가면 자기들이 또 무슨 잘못을 저지르지는 않았는지 눈치를 살피죠. 뭔가가 잘못된 줄은 알지만 그것이 무엇인지 모르겠어요."

샐리와 빌은 자녀 양육 강좌 시간에 나를 찾아왔다. 샐리는 말하기 전에 눈물부터 흘렸다. 지금부터 해야 할 말을 생각하니 참으로 당혹스럽지만 누군가에게 말하지 않으면 안 될 것 같다며 말문을 열었다. 그녀는 네 살 된 아이를 더 이상 통제하지 못하겠다고 말했다. "내가 아이를 기르는 것이 아니라 오히려 아이가 나를 좌지우지하고 있어요." 그녀는 십 대 청소년이 된 아들을 생각하면 무서워 죽을 것만 같다고 말했다.

프랭크는 자신의 슬픔을 내게 털어놓았다. 그것은 수많은 아버지가 겪는 슬픔이었다. 그는 의도적으로 충실하게 아이들을 훈육하려고 애써왔다. 집에 있는 동안, 아이들은 모두 그의 권위에 복종했다. 학교, 교회, 집, 일터에서 프랭크의 자녀들은 모범생처럼 보였다. 프랭크와 같은 교회에 다니는 사람들은 그를 훌륭한 아버지라고 칭찬을 아끼지 않았다. 프랭크는 장남이 반에서 일등으로 고등학교를 졸업했을 때 아들만이 아니라 자기 자신까지 자랑스럽게 느껴졌다고 말했다. 그러나 내 앞에 앉아 있는 그는 크게 상심하고 낙심한 모습이었다. "나는 우리가 모든 일을 잘해냈다고 생각했지만, 아들과 딸은 둘 다 대학에 진학한 뒤부터는 믿음을 저버렸습니다. 아이들은 하나님과 아무런 관계도 맺지 않고 있고, 우리와도 가깝게 지내지 않습니다."

지난 세월 동안 이런 대화를 나눈 부모가 얼마나 많은지 모른다. 이름이나 사는 곳은 저마다 다르지만 사연은 같다. 처음부터 뚜렷한 원칙이 없었거나 도중에 원칙을 잃은 그리스도인 부모가 허다하다. 많은 부모가 자신들의 노력이 아무런 소득이 없다고 생각한다. 그들은 자신들이 무엇을 하고 있는지, 왜 그런 일을 하고 있는지 알지 못한다. 선한 마음으로 열심히 하긴 하지만, 자신들이 하는 일들에 의미를 부여하고 그 방향을 이끌어줄 뚜렷한 목적의식이 없는 부모가 허다하다. 이번 장에서는 수많은 선량한 그리스도인들의 자녀 양육에 무엇이 빠져 있는지를 다루고자 한다. 먼저 일반적인 상황부터 살펴보기로 하자.

뚜렷한 원칙이 없는 자녀 양육

수많은 부모들과 대화를 나눠본 결과, 그들에게 자녀 양육을 이끌어줄 뚜렷한 원칙이 없다는 사실을 발견했다. 그들은 아이들이 예수님을 잘 믿고 부모에게 순종하기를 원한다. 아이들이 훌륭한 교육을 받고 좋은 직장에 다니고, 운동이나 음악에 재능이 있기를 바란다. 그러나 실제로는 하루하루 일어나는 일을 즉흥적으로 처리하는 데 급급하다. 그들은 아이들에게 여러 가지 좋은 일을 해주거나 유익한 말을 하기도 하고, 신앙생활에도 깊은 관심을 기울인다. 일련의 규칙을 세워 올바른 행동을 가르치기도 한다. 그러나 모두 즉흥적인 대응일 뿐이다.

즉흥적인 자녀 양육의 문제는 자녀들의 마음과 삶에서 일어나고 있는 일을 이해하고 해석할 수 있는 뚜렷한 원칙, 즉 훌륭한 자녀 양육에 반드시 필요한 중요한 마음의 문제를 다룰 수 있는 원칙이 없다는 것이다. 뚜렷한 원칙이 없으면 부모는 아이들의 행위를 통제하거나 조절하거나 확증하는 데만 집중할 수밖에 없다. 집에 함께 있는 동안 부모가 아이들의 행동을 통제하는 데 그친다면, 집을 떠나는 순간 아이들은 모든 통제에서 벗어나게 마련이다. 집을 떠나 더 이상 통제를 받지 않으면 그들은 자신이 마음속으로 오랫동안 생각해 온 대로 살아갈 것이 뻔하다.

실제로 해마다 그리스도인을 자처하는 젊은이들 가운데에는 대학에 진학하고 그곳에 거주하는 동안 믿음을 잃어버리는 사람이 많다. 정확히 말하면 그들은 믿음을 잃은 것이 아니다. 처음부터 믿음이 없었던 것이다. 억지로 믿음을 강요하는 부모에게 통제받으며 성장한 그들은 대학에 진학해 통제에서 벗어나자 본래의 속마음을 고스란히 드러냈을 뿐이다.

즉흥적인 자녀 양육의 문제는 또 있다. 즉흥적인 자녀 양육은 뚜렷하고 원대한 원칙이 없기 때문에 부모의 감정이나 기분에 좌우된다. 어제는 허락된 일이 오늘은 안 되는 이유는 부모의 심기가 불편하기 때문이다. 또 어제는 부모를 화나게 만든 일이 오늘은 아무런 탈이 없다. 아이들에게 일관된 기준을 적용하지 않고 부모의 감정에 따라 모든 것이 결정된다. 그럴 경우 아이들은 자신들이 할 수 있거나 할 수 없는 일을 판단할 때, 부모의 눈치를 살핀다. 심지어 오늘 부모의 기분이 어떤지에 대해 서로 대화를 주고받기도 한다.

이것은 하나님이 의도하신 자녀 양육 방식이 아니다. 감정에 좌우되고 행동 통제에 초점을 맞춘 양육 방식은 아이의 행동을 지속적으로 변화시킬 수 있는 복음의 능력과 마음의 태도를 중시하지 않는다.

자녀를 유혹하는 두 가지 거짓말

모든 부모는 아이들이 행동의 문제가 아닌 마음의 문제를 안고 있다는 것을 이해해야 한다. 성경은 아이들의 마음속에 있는 것이 그들의 말과 행동을 통제하고, 형성하고, 이끌어야 한다고 가르친다(누가복음 6장 43-45절 참조). 아이의 마음이 올바르게 기능하지 않는 이유는 율법이 아닌 "경외심" 때문이다. 모든 자녀는 하나님을 경외하는 마음보다 자아를 경외하는 마음에 더 많이 지배되는 마음을 지니고 태어난다.

구체적으로 말해서 모든 자녀는 유혹적인 두 가지 거짓을 믿는 세상에 태어난다. 첫째는 "자율성"이라는 거짓이다. 자율성은 "나는 독립된 인간이야. 그러니까 내가 원하는 대로 살아갈 권리가 있어"라고 주장한다. 자녀와 부모 사이에 벌어지는 초창기의 싸움, 곧 무엇을 먹고, 무엇을 입고, 언제 자야 하는지를 둘러싸고 일어나는 갈등은 단지 그 갈등 자체에 국한된 것이 아니다. 아이가 반항하는 이유는 통제받기를 싫어하기 때문이다. 아이는 자기 세계의 중심에 서고 싶어하고, 자신을 작은 군주로 임명한다. 무엇이 건강한 음식인지, 언제 어떤 옷을 입어야 적절한지, 잠을 얼마나 자야 건강에 이로운지 잘 모르면서도 반항을 일삼는 이유는 부모의 명령을 듣고 싶지 않아서다. 그래서 자기보다 몸집

이 서너 배나 더 큰 어른을 향해 "싫어!"라고 외치거나 붉게 상기된 얼굴로 꼿꼿이 서서 분노를 드러내는 것이다. 아이들은 자율성을 원한다. 자기 자신이 아닌 다른 권위는 원하지 않는다.

둘째는 "자기만족"이라는 거짓이다. 자기만족은 "나는 내가 어떤 사람이 되어야 하고 무슨 행동을 해야 하는지 다 알고 있고, 그렇게 할 수 있는 능력도 모두 갖추고 있어"라고 주장한다. 어린 자녀가 주변 세상에 대해 아무것도 모르면서 도움을 거부하는 이유는 자신에게 지혜나 교훈, 교정이 필요하지 않다는 착각에 빠져 있기 때문이다.

예를 하나 들어보자. 어린 지미는 신발에 끈이 달려 있는 것을 보았다. 아이는 신발을 신고 나서 그 끈을 묶어야 한다는 것을 알았다. 부모가 지미 방에 들어가 보니 아이는 신발을 바꿔 신고 끈을 만지작거리고 있었다. 부모는 지미가 아무리 노력해도 스스로 신발 끈을 맬 수 없다는 것을 알고 몸을 굽혀 도와주려고 하지만, 아이는 부모의 손을 탁하고 쳐낸다. 조용히 순종적인 태도로 배우려고 하지 않는다. 자신이 그 일을 할 수 있다고 믿기 때문이다.

이 두 거짓을 처음 말한 것은 에덴동산의 뱀이다. 그의 거짓은 물질세계와 인간에게 말로 다할 수 없는 연쇄적인 피해를 입혔다. 이런 사실은 우리의 자녀들이 행위와 관련된 율법의 문제를 넘어 그보다 좀 더 깊은 경외심의 문제를 안고 있다는 것을 분명하게 보여준다. 어린 자녀들의 마음이 먼저 자아를 경외하는 마음에 속박된 상태에서 벗어나 하나님을 경외하는 마음에 사로잡혀야만 그분이 원하시는 삶을 살아갈 수 있다.

율법의 체계만으로는 아이를 올바로 양육하기가 어렵다. 이 말에 어쩌면 "그러면 아이들에게 규칙을 가르치고 적용하지 말아야 할까? 아이들을 권위로 다스리면 안 되는 걸까?"라고 생각할지 모르겠다. 물론 그런 일은 필요하지만 그것만으로는 충분하지 않다. 아이들이 어떤 사람이 되고 어떤 행동을 해야 하는지 가르치는 데 엄격한 율법 체계만으로 족하다면, 예수님이 세상에 오셔서 완전한 삶을 사시고 귀한 보혈을 흘리고 나서 무덤에서 부활하실 필요가 없었을 것이다. 예수 그리스도의 복음은 그런 식의 자녀 양육이 온전하지 않다는 것을 상기시켜준다.

아이들에게 율법이 필요할까? 물론이다. 하나님은 율법을 통해 아이들 자신이 영적으로 얼마나 부족한지 일깨워주신다. 율법은 그들에게 하나님이 원하시는 삶을 가르친다. 그러나 율법은 그들의 마음을 사로잡고 있는 죄와 자기 숭배에서 그들을 구원할 수 없다.

양육 원칙 1_ 하나님의 영광을 볼 수 있게 도우라

자녀를 올바르게 양육하려면 아이들의 마음을 목표로 삼아야 한다. 그들이 자아를 경외하는 마음에 지배되는 한, 권위를 거부하고 그들을 창조하고 유지하시는 하나님을 외면한 채 자기 생각대로 살아갈 것이다. 이는 자녀 양육이 경외심이라는 크고 중요한 원칙을 지향해야 한다는 뜻이다. 아이들에게 최선을 다해 하나님의 영광과 그분의 은혜를 일깨워 주어야만 하나님을 경외하는 마음이 그들을 사로잡을 수 있다.

그렇다면 구체적으로 어떻게 해야 할까? 안타깝게도 우리는 대부분 아이들이 말을 듣지 않을 때에만 하나님을 언급한다. 하나님을 궁극적인 위협의 수단으로 내세우는 것이다. "하나님이 지켜보고 계셔! 그분은 너를 벌레처럼 짓이겨버리실 수도 있어." 그런 말은 어린아이의 마음을 하나님에게서 도망치게 만든다.

하나님은 자신을 낮춰 은혜와 긍휼로 우리를 도우신다. 그분이 자신을 계시하는 거울로 세상을 창조하셨기 때문이다. 물질세계가 하나님을 가리킨다는 사실은 결코 우연이 아니다. 경이로운 능력으로 우주를 창조하실 때 하나님은 이미 그런 의도를 지니셨다. 하나님은 자신이 창조하신 세상을 통해 날마다 우리에게 능력과 신실하심, 지혜, 선하심, 사랑, 긍휼을 드러내신다.

모든 영광스런 피조물은 지극히 위대한 영광을 지니신 하나님을 가리킨다. 부모가 날마다 아이들에게 하나님에 관해 말하는 것은 전혀 이상한 일이 아니다. 그러지 않는 것이 이상하다. 하나님은 뜨거운 것과 차가운 것을 만드셨다. 하나님은 얼기도 하고 끓기도 하는 물을 창조하셨다. 섬세한 백합, 지칠 줄 모르고 움직이는 벌새의 날개, 육중하게 걷는 코끼리, 형형색색의 무지개, 사나운 폭풍우, 양식을 길러내는 땅, 밤하늘에 반짝이는 별을 비롯해 우리가 매일 보고, 듣고, 만지고, 맛보는 수많은 것을 창조하셨다. 아침에 눈을 뜨는 순간부터 우리는 하나님을 발견할 수 있다. 그분은 날마다 이곳저곳, 온갖 군데에서 자신을 계시하신다.

또한 부모는 다음 사실을 이해해야 한다. 우리가 양육하는 아이들은 본성이 왜곡되었기 때문에 주변 세상을 볼 때 하나님을 발견하지 못한다는 것이다. 죄와 자아가 아이들의 눈을 가려 곳곳에서 빛나는 영광, 곧 마음을 변화시켜 그들을 제자리로 돌려놓을 수 있는 힘을 지닌 영광을 볼 수 없게 만든다. 맛있는 음식을 맛보면서도 자신들을 즐겁게 해주는 모든 것을 만드신 경이로운 하나님을 보지 못하고, 폭풍우를 두려워하면서도 그 현상을 일으키신 하나님의 권능은 두려워하지 않는다. 영적 어둠은 하나님이 우리를 세상에 보내 자녀를 양육하게 하신 이유다.

하나님은 날마다 자신의 임재와 권능과 영광을 보고 가리키는 도구로 기능할 수 있는 전략적인 위치에 우리를 세우셨다. 자녀들의 마음을 다시 경외심으로 사로잡을 수 있는 도구가 되게 하기 위해 우리를 부르셨다. 자아를 경외하는 마음이 장악하고 있는 곳을 하나님을 경외하는 마음이 다시 점유하게 만드는 것이 우리의 소명이다. 그런 변화는 하나님이 베푸시는 은혜의 결과지만, 우리도 마땅히 경외심을 되찾기 위한 하나님의 사역(시편 145편 참조)에 협력해야 한다.

동물을 만져볼 수 있는 동물원에 어린 자녀들을 데려갔을 때는 각 동물이 지닌 독특한 특성을 만드신 하나님에 관해 이야기하고, 빵을 만들 때는 반죽이 부푸는 현상이 하나님의 생각에서 나온 수많은 화학적, 물리적 변화 가운데 하나라고 알려주고, 아이가 향기로운 꽃 냄새를 맡고 있을 때는 하나님이 꽃 향기는 물론 모든 냄새를 즐길 수 있는 감각을 우리 몸에 만드셨다고 말하라. 아이와 숲길을 거닐 때는 하늘을 향해 찌를 듯 솟아 있는 거대한 식물들을 창조하신 하나님에 관해 말해 주고, 아이가 아플 때는 완전한 조화를 이루어 건강을 회복시키는 육체의 섬세하고 상호의존적인 체계를 설명해 주라. 어린 자녀가 비오는 것을 불평하거든 인간은 세상의 날씨를 통제할 수 없지만 하나님은 날마다 그 일을 하고 계신다고 알려주라. 어린 자녀의 얼굴을 거울에 비추면서 말을 하지 않고도 표정만으로 의사소통할 수 있도록 얼굴에 섬세하고 작은 근육을 만드신 하나님에 관해 이야기하라. 이런 예는 무궁무진하다. 우리는 결코 다함이 없는 경이로운 영광이 끝없이 펼쳐진 곳에 살고 있다. 우리의 임무는 어린 자녀들에게 날마다 거듭해서 이 영광을 일깨워주는 것이다. 우리는 이 임무를 기쁘게 감당해야 한다.

그러나 핵심은 따로 있다. 자녀를 양육할 때 우리에게 없는 것을 줄 수는 없다. 우리 가정 곳곳에서 빛나는 하나님의 임재와 권능과 영광을 보지 못하는 사람은 우리의 아이들만이 아니다. 부모인 우리도 그것을 보지 못하기는 마찬가지다. 따라서 우리는 하나님께 자녀들의 눈을 열어달라고 기도하기 전에, 그들이 보도록 도울 수 있게 우리 눈을 열어달라고 간구해야 한다. 우리가 보지 못하는 것을 다른 사람에게 가리킬 수는 없다. 우리는 아이들을 실어 나르는 교통수단, 만들어야 할 점심, 빨아야 할 옷, 일정을 정해야 할 활동, 처리해야 할 숙제, 해결해야 할 형제간의 다툼만 보는 경향이 있다. 그렇게 하나님을 의식하지 않고 하루하루를 살아가기란 쉽다. 오직 하나님이 은혜로 우리 눈을 열어 그 영광을 보게 하시고, 놀라운 경외심으로 우리 마음을 사로잡으셔야만 비로소 자녀들이 보는 앞에서 그분의 도구가 될 수 있다.

양육 원칙 2_ 하나님의 권위를 일깨워주라

누구나 "자녀가 순종적이고 바르게 행동하길" 바랄 것이다. 하나님의 율법과 그분의 권위에 기꺼운 마음으로 온전히 복종할 수 있는 길은 무엇일까? 자녀들이 마음 깊이 하나님을 경외하며 사는 것이다. 그래야 비로소 자기 자신을 위해 살지 않고 하나님의 권위를 인정하며, 그분의 도구가 되어 그들을 양육하는 부모에게 순종할 수 있다. 오직 하나님을 경외하는 마음만이 자아를 경외하는 마음을 물리칠 수 있다. 오직 하나님의 영광만이 자기의 영광을 구하려는 유혹에서 아이들을 보호할 수 있다. 경외심이 아이의 마음을 지배하지 않으면 하나님의 율법으로 아이의 행위를 통제할 수 없다. 자녀 양육은 행위에 관한 싸움이 아니라 어떤 경외심이 그 마음을 지배하느냐에 관한 싸움이다.

이 점을 좀 더 구체적으로 생각해 보자. 부모는 자녀에게 독자적인 권위를 행사할 수 없다. 자녀는 부모의 삶을 좀 더 편안하게 해주는 하인이 아니다. 그들은 부모의 정체성을 확립하거나 평판을 유지하는 데 도움을 주는 수단도, 부모의 성공에 기여할 수 있는 잠재적인 자랑거리도 아니다. **부모의 권위는 대리자의 권위, 곧 위탁된 권위다.**

하나님의 계획은 부모를 통해 자녀들이 삶에서 하나님의 권위를 나타내는 것이다. 부모는 하나님께 복종하는 마음으로 자신에게 주어진 권위를 행사해야 한다. 부모들에게 이보다 고귀한 소명은 없다. 부모는 자녀들의 삶에서 하나님의 권위를 대변하라는 부르심을 받았다. 부모는 하나님을 보여주고, 그분의 음성을 들려주며, 그분의 손길을 느끼게 하고, 그분의 성품과 태도를 나타내는 도구다. 이는 부모가 자녀들의 삶에서 권위를 행사할 때마다 은혜롭고, 지혜롭고, 자상하고, 신실하고, 확고하고, 자애롭고, 용서와 인내가 넘치는 하나님의 권위를 나타내야 한다는 뜻이다. 왜 그래야 하는가? 구원을 베푸는 하나님의 놀랍고 아름다운 권위를 경외하는 마음을 자녀들에게 일깨워주는 것이 곧 부모의 임무이기 때문이다. **부모의 임무는 하나님의 도구가 되어, 자신의 권위 외에 다른 권위는 모두 거부하려는 본성을 버리고 하나님의 권위를 경외하는 마음을 지니도록 자녀들을 돕는 것이다.** 자녀들이 일단 하나님을 경외하기 시작하면 즐겁게 그분의 율법에 복종할 것이고, 그분이 권위를 위탁하신 사람들을 존중할 것이다.

이기적이고 조급하게 대하거나 신경질을 내거나 욕을 하거나 학대를 일삼거나 공평하지 못하거나 비난하는 태도로 권위를 행사하는 부모는 하나님이 자녀들의 삶에 행하시는 사역에 동참할 수 없다. 오히려 그분의 사역을 방해할 뿐이다. 그런 식으로 권위를 행사하는 경우에는 자녀들에게 하나님의 권위가 아름답고 유익한 것임을 일깨워 그것을 경외하게 하기보다 타고난 반항심을 더욱 부추겨 권위를 거부하게 만들 뿐이다. 어떤 사람이 나를 난폭하고 거칠게 대한다면 고마움이나 사랑이나 도움을 전혀 느끼지 못할 뿐더러 내 고민을 덜어주고 나를 보살펴준다는 생각이 조금도 들지 않을 것이다. 그런 상황에서는 보기 드문 지혜의 도움을 받았다는 생각이 들지 않고, 모욕적인 맹비난으로 인한 고통이 속히 끝나기만 바랄 것이다. 자녀들이 마음속에 경외심의 문제를 지니고 있고, 경외심을 느끼는 능력을 활용해 그들이 마땅히 인식해야 할 하나님을 바르게 대변하는 것이 부모의 임무라면, 부모가 어떻게 대하느냐에 따라 하나님을 바라보는 그들의 관점이 달라질 것이 분명하다.

지금 말한 것을 듣고 "문제없어. 나는 잘할 수 있어"라고 말할 수 있는 사람이 과연 있을까? 사리를 제대로 분별할 수 있는 겸손한 부모라면 누구나 그 일을 감당하기 어렵다고 고백할 것이다. 우리는 그런 고귀한 소명에 적합하지 않다. 나는 매우 조급하고, 신경질적이며, 번번이 실수를 저지른다. 그러나 하나님의 은혜로 내 안에서 나를 경외하는 마음보다 하나님을 경외하는 마음이 더 커지면, 아이들의 삶에서 그분을 경외하는 마음을 일깨우는 도구로 사용되기를 바라는 마음을 가질 수 있다. 경외심을 되찾아주는 자녀 양육은 비단 우리 아이들만이 아니라 우리 자신에게도 필요하다. 진심에서 우러나는 예배를 받기에 합당하신 분은 오직 하나님뿐이라는 것을 이해하고 우리의 변덕스런 마음이 경외심으로 가득해지기 전까지는 하늘에 계신 성부께서 우리에게 거듭 자신의 영광을 보여주시는 것이 필요하다.

그렇다면 아이들 안에 하나님을 경외하는 마음이 회복되면 어떤 결과가 나타날까? 하나님을 경외하는 마음은 아이들 안에 모든 부모가 원하는 것이 나타나게 만든다. 마음이 하나님을 향한 경외심에 사로잡힌 아이는 권위에 복종하고, 지혜를 존중해 귀를 기울이며, 반항하지 않고, 도움을 갈망하며, 하나님은 물론 그분이 세우신 권위의 대리자들의 통제를 기꺼이 받아들인다.

우리 힘으로는 아이들의 마음을 회복시킬 수 없다. 오직 하나님만이 하실 수 있다. 그러나 하나님이 우리에게 그 사역에 동참하라는 소명을 주셨다는 것을 기억하라. 자아를 경외하는 마음이 아이들의 태도와 행동에 영향을 끼치고 있다는 증거는 날마다 볼 수 있다. 우리는 최선을 다해 하나님의 보이는 영광을 가리켜서 아이들이 은혜를 통해 그분을 경외하는 마음에 사로잡히도록 이끌어야 한다. 하나님의 율법을 가르치고 적용하는 것만으로는 충분하지 않다. 그 일도 성실하게 수행해야 하지만 그것으로 그쳐서는 안 된다. 자녀들을 양육할 때 우리는 그들이 하나님을 경외해야만 비로소 그분 말씀에 귀를 기울이고, 그분이 은혜로 허락하신 권위의 대리자를 존중하며, 그분 명령에 기꺼이 순종할 수 있다는 것을 기억해야 한다. 그러려면 우리가 먼저 그분의 은혜로 구원받아야 한다. 우리 자신의 마음에 있는 이기심과 교만에서 구원받아야 한다. 감사하게도 예수님이 그 구원의 길을 열어놓으셨다.

하나님을 경외하는 마음이
내 마음을 만족시키고 그분의 자녀인 내 정체성을 규정하지 않으면,
나는 성공이나 성취, 권력이나 통제, 소유나 풍요와 같은 것들 안에서
정체성을 찾으려고 할 수밖에 없다.
그리고 결국 그런 것을 얻기 위해 미친 듯이 일하면서
수많은 관계와 영적인 삶을 희생시키는 폐해를 초래할 것이다.

CHAPTER 13

경외심을 되찾을 때 일이 제자리를 찾을 수 있다

> 온 땅은 여호와를 두려워하며
> 세상의 모든 거민들은 그를 경외할지어다.
> _ 시편 33편 8절

존은 집에 있는 적이 거의 없다. 아내 제니는 혼자서 아이들과 저녁을 먹는다. 제니는 모든 저녁 활동에 혼자 참석하고 존이 함께 오지 않은 이유를 둘러대는 데 익숙해졌다.

프랭크는 매우 적극적이고 경쟁심이 지나칠 만큼 강하다. 그는 회사에서 높은 자리를 차지하기 위해 그동안 많은 경쟁자를 무참히 짓밟았다.

지나는 회사에서 정리 해고된 후 심각한 우울증을 앓아왔다. 아침에 일어날 의욕을 잃었고, 자신의 인생이 다 끝났다고 생각한다.

빌은 자신이 얼마든지 돈을 많이 벌 수 있다고 생각한다. 자신이 그런 풍요로운 삶을 누릴 줄은 꿈에도 생각하지 못했다. 그러나 그는 여전히 빚이 많다.

샤론은 지금까지 어떤 직업에도 만족을 느끼지 못했다. 늘 좀 더 의욕적이고 흥미로운 직업을 찾고 싶어하기 때문이다.

샘과 프레다는 둘 다 일주일에 60시간씩 일한다. 그들은 아름다운 저택을 즐길 여유가 거의 없을 뿐 아니라 항상 아이들을 돌봐줄 사람을 고용해야 한다.

피터는 어느 정도 성공을 거두고 나면 교회 사역에 열심을 낼 거라고 말해 왔다. 그러나 목표보다 더 많은 성공을 거두었는데도 아직 교회 사역에 참여하지 않고 있다.

션은 오랫동안 휴가를 즐기지 못했다. 휴가를 가고 싶다고 말하지만 자신이 해야 할 의무를 잠시라도 중단할 의도는 없어 보인다.

마이크는 사장이지만 사원들에게 사랑받지 못한다. 그는 격려에 인색하고 끊임없이 요구만 하는 사람으로 정평이 나 있다. 그의 회사는 늘 회사를 그만두는 직원들 때문에 곤란을 겪고 있다.

킴은 목회자인 남편 톰에게 집에 있는 시간이 그렇게 없을 것 같으면 아예 사무실에 침대를 갖다놓으라고 말했다.

우리의 직장생활은 어떠한가? 적절히 균형을 유지하고 있는가? 직장생활이 신앙생활이나 관계에 악영향을 끼치고 있지는 않은가? 일이 줄 수 없는 것을 일에서 구하고 있지는 않은가? 직장생활의 의무와 가정에 대한 책임이 양분된 것 같지는 않은가?

해야 할 일은 많지만, 시간은 정해져 있다

사람들은 종종 일중독자가 "우선순위"의 문제를 안고 있다고 말한다. 그런 지적은 나름대로 일리 있지만, 구체적이지 않고 충분히 심오하지도 않다. 상담을 받으면서 삶의 우선순위를 중요한 것부터 차례로 적어 보라는 지시를 따라 작성된 목록은 문제를 진단하는 데 유익할 수 있지만 해결책은 제시할 수 없다. 두 가지 이유에서다.

첫째, 목록대로 꼭 맞춰 사는 사람은 없다. 삶의 우선순위를 정했다고 해서 매일 목록의 첫 번째 일부터 시작한다는 법은 없다. 어떤 면에서 목록에 적은 일은 모두 중요하다. 그 가운데 무시해도 아무 책임이 없는 일은 하나도 없다. 우리 삶은 우선순위 목록이 아니라 반드시 필요한 세 가지 소명의 차원이 하나로 뭉쳐져 구성된다. 바로 **관계의 소명, 노동의 소명, 하나님께 대한 소명**이다. 하나님이 우리에게 요구하시는 삶은 이 각각의 소명을 통해 표현된다. 이 세 가지는 모두 중요하다. 하나님이 요구하시는 소명이기 때문이다. 따라서 목록이 아니라 (모든 것이 영적이긴 하지만) 사회적 영역, 노동의 영역, 영적인 영역, 이 세 영역이 서로 교차되고 겹쳐지는 경건한 삶의 영역만 존재할 따름이다.

그러나 이 영역들에 할애할 수 있는 시간은 한정되어 있다. 하루는

24시간, 일주일은 7일, 한 달은 30일, 일 년은 365일뿐이다. 따라서 한 가지 활동에 시간을 좀 더 많이 쓴다는 것은 다른 활동을 하는 시간을 그만큼 줄였다는 뜻이다. "내게는 일이 가족보다 중요하다. 그래서 목록에 가족을 일보다 덜 중요한 것으로 적었다"고 말할 사람은 거의 없을 것이다. 일하는 시간이 차츰 길어지는 것은 시간이 무한정 있어서가 아니라 가족을 위한 시간을 줄였기 때문이다. 일이 하나님이나 그분의 백성과 맺은 관계보다 더 중요하다고 말할 그리스도인은 아무도 없을 것이다. 그러나 일하느라 바빠서 전에는 헌신적으로 몸담았던 교회에 출석만 하기도 힘들어하는 경우가 적지 않다. 소명의 한 영역이 확대되면 똑같이 중요한 다른 영역에 들일 시간이 줄어들 수밖에 없다. 따라서 우선순위가 무엇이냐고 묻는 것보다 직장생활 때문에 하나님과 가족과의 관계를 위한 시간이 줄어드는 피해가 생기지 않았느냐고 묻는 것이 더 중요하다. 나는 이 방법이 일과 가족과 교회에 관한 일정을 조정할 때 흔히 겪는 어려움을 다루는 데 훨씬 유익하다고 생각한다.

둘째, 우선순위 목록만으로는 문제의 원인을 추적할 수 없다. 우리가 묻고 대답해야 할 질문은 다음과 같다. 우리 가운데 틀어박혀 일만 하는 일중독자가 그토록 많은 이유는 무엇일까? 가족과 교회에 해를 끼칠 정도로 일만 하는 사람이 왜 그렇게 많을까? 겉으로는 성공한 삶처럼 보이는 그리스도인들 가운데 결혼생활이나 자녀 양육과 관련하여 죄책감을 느끼며 살아가는 사람이 그토록 많은 이유는 무엇일까? 하나님이 본래 의도하신 목적에 맞게 일하기가 왜 그렇게 어려울까?

하나님 안에서 "나"를 발견하라

이 책에서 거듭 강조해 온 것을 약간 다른 방식으로 한 번 더 언급하고 싶다. 일중독자들이 안고 있는 문제는 근본적으로 우선순위나 일정이 아니다. 그들은 경외심의 문제를 안고 있다. 관계와 영적 생활에 해를 끼치는 일정의 문제는 모두 경외심에서 비롯한다. 오직 하나님을 경외하는 마음만이 일이 본래 위치를 찾도록 도와준다.

앞서 말한 것을 다시 언급하려는 이유는 그것이 지금 우리가 말하는 내용의 핵심이기 때문이다. 우리는 이제까지 경외심의 신학에 초점을 맞추었고, 지금은 그 신학을 우리에게 적용하는 방법을 다루고 있다. 훌륭한 신학은 하나님이 어떤 분인지 밝히는 것에서 그치지 않고, 그분의 자녀인 우리의 정체성까지 밝혀준다. 하나님은 모든 점에서 지극히 영광스러우실 뿐 아니라 우리를 위해 은혜로 자신을 드러내신다. 하나님의 경이로운 영광이 은혜를 통해 우리에게 소낙비처럼 풍성하게 임한다. 그분의 경이로운 능력, 경이로운 주권, 경이로운 긍휼, 경이로운 지혜, 경이로운 사랑, 경이로운 거룩하심, 경이로운 인내, 경이로운 신실하심, 경이로운 은혜, 이 모든 것이 우리를 위한 것이다. 하나님이 하나님 되시는 것은 모두 우리를 위한 것이다.

은혜는 우리를 하나님과 연결시켜줄 뿐 아니라 하나님 아닌 다른 곳에서 우리의 정체성을 찾지 않도록 도와준다. 내가 나 된 것은 은혜롭게도 하나님이 나의 하나님이 되시기 때문이다. 나는 그분의 경이로운 영광 안에서 내게 필요한 모든 것을 발견한다. 내가 살아가는 데 필요한 영적 능력을 다른 곳에서 찾지 않아도 된다. 내 삶의 목적을 다른 곳에서 찾으려고 애쓸 필요가 없다. 내 정체성을 찾기 위해 다른 곳을 돌아보거나, 내 잠재력을 가늠해 보기 위해 다른 곳을 바라볼 필요도 없다. 내적 평화와 행복을 찾기 위해 다른 곳을 두리번거리지 않아도 된다. 왜 그럴까? 내가 하나님 안에서 모든 것을 발견하기 때문이다. 하나님을 경외하는 마음이 다른 것을 경외하는 마음에 속박되어 그릇된 삶을 살지 않도록 나를 구원해 준다. 우리는 우리에게 생명(정체성, 의미, 목적, 쾌락 등)을 준다고 생각하는 것을 경외하는 성향이 있다는 것을 잊지 말라.

따라서 하나님을 경외하는 마음을 잊으면 정체성의 공백이 생겨 다른 것으로 채우려고 할 수밖에 없다. 하나님이 어떤 분인지 잊는다면(곧 다른 것을 경외한다면), 우리가 누구인지 알지 못하고(곧 우리의 정체성을 잃어버리고), 우리가 수직적 차원에서 이미 가지고 있는 것을 수평적 차원에서 찾으려고 애쓸 수밖에 없다. 이것을 이번 장 주제에 적용하면 다음과 같다. 일은 삶에서 매우 중대한 차원이기 때문에 일을 통해 정체성을 발견하려는 유혹을 쉽게 느낄 수밖에 없다. 일을 통해 정체성을 찾으려고 하면, 일과 관련된 도전의식과 요구, 보상의 약속을 거부하기가 매우 어렵다.

일에서 찾게 되는 수평적 정체성

<u>성공이나 성취에 근거한 정체성.</u> 우리는 "내가 이룬 것이 곧 나다"라는 생각에 이끌려 정체성을 찾으려는 유혹을 느끼기 쉽다. 성공은 능력과 자신감을 느끼게 해준다. 성취는 우리의 정체성과 능력을 입증하는 지표처럼 보인다. 우리는 성공한 사람들을 롤 모델이나 문화적 영웅으로 떠받들기를 좋아한다. 성공을 항상 좋은 것으로 생각한다. 그러나 성

공이 우리의 구원자가 되면, 즉 성공을 통해 생명을 찾으려고 하면 성공을 향한 충동을 제어하기가 어려워진다. 성취를 훌륭하고 안락한 삶, 의미와 목적이 있는 삶의 증거로 삼게 되면, 오늘의 성공에 만족하기가 어려워진다. 오늘의 성공에서 느끼는 흥분이 사라지고 나면 다음 성공을 추구하게 되고, 그 후에는 또 다른 성공을 추구하는 과정이 계속된다. 이를 테면 다음에 정복할 산을 끊임없이 찾게 되는 셈이다. 이 점을 깨닫지 못하면 성공은 단순히 즐기는 것을 넘어 살아가는 데 반드시 필요한 것으로 변형된다. 전에는 마음이 성공을 갈망했지만, 이제는 성공이 마음을 온통 지배하기에 이른다. 그렇게 우리는 성공이 이끄는 대로 따라가고, 시간이든 체력이든 관계든 모조리 성공을 위해 희생하게 된다.

그래서 일이 위험한 것이다. 성공이 마음을 지배하면 그것에 한걸음 더 가까이 다가가기 위해 가정생활, 영적 생활, 교회생활을 위한 시간을 조금씩 줄여나가게 마련이다. 나는 가정에 충실하지 못한 죄책감을 느끼면서도 오로지 성공만 추구하다가 지난날을 크게 후회하는 사람을 많이 만나 보았다. 그리스도인을 자처하면서도 매일 성취라고 불리는 또 다른 신을 숭배하느라 주일에 이따금 한 번씩 교회에 얼굴을 내비치는 것으로 만족하는 사람들과 많은 대화를 나누었다. 오직 하나님을 경외하는 마음만이 하나님의 자녀다운 삶을 되찾아주고, 확실하고 지속적인 정체성을 지니게 할 수 있다. 그렇게 될 때만 성공을 추구하는 우리의 자연스런 욕구가 제자리를 이탈하지 않도록 통제할 수 있다.

권력과 통제에 근거한 정체성. 우리는 "나는 통제한다. 그러므로 나는 존재한다"라는 생각에 이끌려 정체성을 찾으려는 유혹을 느끼기 쉽다. 통제력을 잃어 삶이 통제되지 않는 것처럼 보일 때는 통제력을 확보하는 것이 가장 큰 관건으로 생각되고, 다양한 사람들이 날마다 우리에게 할 일을 지시할 때는 권력을 쥔 사람, 곧 명령을 내리는 사람이 되는 것이 가장 중요한 일로 생각된다. 한 치 앞도 내다볼 수 없는 상황일 때는 예측할 수 있고 통제할 수 있는 삶을 "행복한 삶"으로 규정하고 싶은 유혹을 느낀다. 그런 경우에는 어떻게 해야 행복해질 수 있을까? 이 질문에 보통 "사람들과 상황을 다스릴 수 있는 자리에 오르면 된다"고 대답한다.

그러나 자율적인 통제에 근거한 정체성은 많은 해악을 초래한다. 아내는 권위적이고 통제하기 좋아하는 남편에게 지배되는 것을 행복하게 여기지 않는다. 아내는 자기를 사랑하는 남편을 원한다. 사랑으로 보살펴주는 남편의 리더십 안에서 편안함을 느낀다. 아이들은 사랑보다 규칙을 더 좋아하는 아버지를 따르지 않는다. 뭐든지 요구만 하고, 항상 자신이 옳다면서 무조건 통제만 일삼고, 꾸짖기를 좋아하는 아버지에게 자녀들은 사랑받는다기보다 이용당한다고 느낄 뿐이다. 그들은 아버지가 하는 것이 자신들을 유익하게 하기 위해서가 아니라 아버지 자신을 위한 것이라고 생각한다. 직장인들은 권위적인 상사에게 진심으로 충성하지 않는다. 그들은 아무리 많은 성과를 올려도 칭찬받지 못하는 것에 울분을 느낀다. 사역자들 사이에서도 권위적이고 지배적이며 성공에만 집착하는 사람은 환영받지 못한다.

정체성을 성공과 결부시키는 사람들은 늘 많은 영적, 인격적 폐해를 초래한다. 그러나 하나님을 경외하는 마음은 내가 안전하다고 느끼기 위해 무엇을 통제하려고 하지 않아도 된다는 사실을 깨우쳐준다. 무한한 권세를 지니신 하나님이 만물을 다스리기 때문이다. 내 삶도 하나님의 완전한 통제 아래 놓여 있다. 권력과 통제에서 정체성을 찾으려는 것은 결코 바람직하지 않다. 그러나 우리는 권력과 통제력을 확보하기 위해 필요 이상으로 열심히 일을 한다. 일이 권력과 통제력을 확보하는 데 큰 영향을 끼치기 때문이다.

경제적 풍요와 소유에 근거한 정체성. "내가 모은 물질의 규모가 곧 나다"라는 생각에 이끌려 정체성을 찾으려는 것도 위험하다. 성공을 재는 문화적 척도, 곧 정체성의 척도는 무엇일까? 성공한 사람을 상상할 때면 호화롭게 치장된 크고 아름다운 저택, 값비싼 승용차(한 대 이상), 화려한 옷장, 멋진 시계와 보석을 떠올리지 않는가? 그것이 대중매체를 통해 날마다 우리 눈앞에 제시되는 성공의 척도다. 우리는 물질세계에 사는 물리적인 존재이고, 하나님은 우리에게 아름다운 것을 인식하고 즐길 수 있는 능력을 주셨다. 그래서 우리는 아름다운 것이 가득한 삶을 "행복한 삶"으로 생각하기 쉽다. 물론 아름다운 것을 원하는 욕망 자체는 악이 아니다. 무엇이든 아름다운 것을 감상할 때는 창조주, 곧 예술적 능력이 지극히 뛰어난 하나님이 모든 아름다운 것의 원천이시라는 사실을 반영하고 있는 셈이다. 나는 아름다운 것을 인식할 수 있도록 창조되었다. 그러나 내가 소유한 것들과 내 정체성을 결부시켜서는 곤란하다. 그런 것들이 내 마음을 지배하도록 허용해서는 안 된다.

우리의 정체성을 물질적인 소유나 풍요와 결부시킨다면 깨어 있는 시간 대부분을 그런 것을 얻고, 유지하고, 사용하고, 즐기고, 소유하는 데 할애할 수밖에 없다. 늘 소유를 늘리고 유지하는 데만 관심을 기울이면 삶의 다른 영역들에서 문제가 발생한다. 예를 들면 아름다운 집을 소유하고 있어도 그것을 즐길 여유가 없고, 가장은 없고 가족들만 그곳에서 지내며, 값비싼 차를 소유하고 있지만 그것을 타고 교회에 와서 다양한 사역에 참여할 시간이 없다. 더욱이 늘 또 다른 물건을 사고 싶은 욕망 때문에 수입보다 지출이 많아 빚에 쪼들릴 가능성이 높다.

물질적인 소유를 통해 정체성을 찾으려는 것은 매우 파괴적인 위험성을 내포한다. 만물을 창조하고 유지하시는 하나님을 경외하며 살아야만 비로소 그분이 내게 필요한 좋은 것을 항상 충실하게 공급해 주신다는 것을 알고 안심할 수 있다. 하나님 안에서 우리 마음이 온전히 만족할 때만 물질세계의 덧없는 쾌락을 통해 영적 만족을 얻으려는 잘못을 피할 수 있다. 하나님 안에서 만족을 누려야만 정체성을 줄 것이라고 생각하는 것을 더 많이 소유하려고 끊임없이 일만 하는 삶에서 자유로워질 수 있다.

참을 수 없는 유혹을 이기기 위하여

우리가 이 모든 유혹을 느낀다는 것을 겸손히 인정하는 것이 중요하다. 나는 이 유혹들을 모두 느낀다.

나는 성취욕이 강하고, 스스로 이룬 것에 지나치게 많은 의미를 둔다. 내가 성취한 모든 것이 하나님의 경이로운 영광을 드러낸다는 것을 쉽게 잊는다. 사실 하나님이 지으신 육체와 그분이 허락하신 은사가 없었다면, 그분이 나와 나의 세계를 다스리시고 날마다 은혜를 베풀어 나를 나 자신에게서 구원하지 않으셨다면, 나는 아무것도 이룰 수 없었을 것이다. 내가 성공을 거두었다면 나를 경외하는 유혹을 느끼기보다 오히려 하나님을 경외해야 한다.

　내가 권력을 좋아하지 않으며 통제하는 것도 즐겨하지 않는다고 말할 수 있으면 좋겠다. 나를 옳다고 내세우지 않아도 되고, 내가 궁극적인 권위를 지닌다고 주장할 필요도 없으면 좋겠다. 삶이 조금 혼란스럽거나 뜻하지 않은 일이 일어나 스스로 상황을 통제하지 못하는 일이 생기더라도 괜찮다고 말할 수 있으면 좋겠고, 하나님이 무슨 일을 하고 계시는지 전혀 의심하지 않으며 내 삶이 이해되지 않더라도 그분을 신뢰할 수 있으면 좋겠다. 내가 결정권자가 되기보다 종이 되는 것이 더 기쁘다고 말하고, 승리하고 주도권을 잡는 것보다 나를 희생하는 사랑을 항상 더 귀하게 여긴다고 말할 수 있으면 좋겠다. 전부 그럴 수 있다면 참으로 좋으련만 사실은 그렇지가 못하다. 이 책을 거의 마무리해 가는 이 순간에도 지금까지 언급한 경외심의 싸움이 내 마음속에서 사납게 일어나고 있다는 것을 깊이 의식하지 않을 수 없다. 나는 경외심을 쉽게 잊는다. 그리고 그럴 때마다 오직 경이로운 영광을 지니신 하나님, 곧 나의 구원자만이 주실 수 있는 것을 사람이나 사물, 상황에서 얻으려고 애쓴다.

　내가 물질세계를 제자리에 돌려놓았다고 생각하고 싶지만 항상 그런 것은 아니다. 나는 아직도 너무 많이 먹고, 너무 많이 소비하고, 다른 사람이 가진 것을 시기하고, 내 눈이 보는 것과 내 마음이 탐하는 것을 만족스럽게 채우기 위해 돈을 더 많이 벌고 싶다. 물론, 전보다는 나 자신을 절제하는 능력이 훨씬 나아졌다. 물질적인 것에서 영적인 만족을 찾는 것이 잘못임을 잘 알고 있기 때문이다. 그러나 유혹은 여전하고,

내 마음은 아직도 그 유혹에 쉽게 이끌린다.

지금까지 말한 대로 내 문제는 아름다운 것들이 가득한 세상에 살고 있다는 것이 아니다. 그런 아름다움을 인식하고 즐기기를 좋아한다는 데 있지 않다. 그보다는 주님의 놀라운 아름다움에 매료되는 데 만족하지 않고 다른 곳에서 나를 만족시켜줄 아름다움을 찾는다는 데 있다. 물질세계의 아름다운 것들은 모두 하나님이 창조하셨고, 그분 안에서 발견되는 지극히 탁월한 아름다움을 가리킨다. 하나님을 경외하는 마음이 내 마음을 만족시키고 그분의 자녀인 내 정체성을 규정하지 않으면, 나는 성공이나 성취, 권력이나 통제, 소유나 풍요와 같은 것들 안에서 정체성을 찾으려고 할 수밖에 없다. 그리고 그런 것을 얻기 위해 미친 듯이 일하면서 수많은 관계와 영적인 삶을 희생시키는 폐해를 초래할 것이다.

일중독은 필요나 일정, 재능, 기회의 문제가 아니다. 그것은 하나님을 경외하는 마음이 다른 것을 경외하는 마음으로 대체될 때 일어난다. 경이로운 영광의 하나님이 은혜로 나의 하나님이 되어주신다는 사실을 잊으면, 그분이 아닌 다른 곳에서 생명을 찾으려고 애쓸 수밖에 없다.

하나님을 경외하는 마음이 주는 교훈

하나님의 경이로운 영광을 바라보고 생각하면, 일을 본래 위치로 되돌려놓는 데 유익한 교훈을 몇 가지 깨달을 수 있다.

1. <u>일할 때 사용하는 재능은 하나님의 것이고, 그분에게서 비롯했다.</u>

일은 우리의 재능을 활용해 우리가 항상 꿈꿔온 삶을 이루는 수단이 아니다. 그것은 일을 순전히 자기중심적인 관점에서 바라본 것이다. 하나님을 경외하는 마음은 선한 청지기가 되어 하나님이 주신 재능과 기회와 능력을 잘 사용하라는 부르심에 순종하는 수단이 일이라는 점을 일깨워준다. 하나님이 재능을 주셨으므로 우리는 그 재능을 하나님의 영광을 위해 그분 뜻에 따라 사용해야 한다. 하나님이 재능을 주셨다는 것을 인정하고, 그분의 말씀이 가르치는 가치관과 원리, 그분의 명령에 따라 우리에게 주어진 재능을 일에 사용하려면 어떻게 해야 할지 생각해 보라.

2. **일에 할애하는 시간은 주님의 것이다.** 온 우주에서 시간을 초월해 존재하는 분은 오직 경이로운 영광의 하나님뿐이다. 하나님은 우리를 창조하셔서 일정한 시간과 장소에서 살게 하셨다. 따라서 우리는 그분이 허락하신 시간의 한계 안에서 그분이 요구하시는 사명을 완수해야 한다. 우리의 시간은 하나님의 것이기 때문에 내가 일하는 시간을 늘린다면 하나님이 요구하시는 다른 일을 해야 할 시간이 줄어들 수밖에 없다는 것을 기억하라. 우리는 하나님을 인정하고 그분이 요구하시는 모든 일을 완수하기 위해 시간을 신중하게 배정해야 한다.

3. **우리는 우리보다 더 위대한 것을 위해 살라는 부르심을 받았다.** 하나님을 경외하는 마음은 삶이 단지 우리 것에 머물지 않고, 그보다 더 높은 차원을 지닌다는 점을 일깨워준다. 하나님은 은혜를 베풀어 우리를 위대하고 영원한 것들과 연결시켜주셨다. 나는 모든 것의 중심이 아니

다. 내가 바라는 것을 기준 삼아 내가 무엇을 하고 내 시간을 어떻게 사용해야 하는지를 결정지어서는 안 된다. 우리는 우리의 소유를 쌓으라는 것이 아닌 하나님 나라를 건설하라는 부르심을 받았다. 일을 하면서 겪게 되는 선택이나 투자는 모두 이 점을 염두에 두고 결정되어야 한다. 성공은 우리의 작은 왕국을 얼마나 잘 건설할 수 있느냐가 아니라 위대한 왕이신 주님을 섬기기 위해 얼마만큼 노력해 왔느냐에 달려 있다.

4. 성공은 권력을 얻는 것이 아니라 하나님의 권능 안에서 안식하는 것을 뜻한다. 가장 성공적인 사람은 자신의 위치를 아는 사람이다. 자신의 모든 소유와 행위를 자기보다 위대하신 하나님을 위해 바치는 사람이다. 성공은 일을 통해 사사로운 권력이나 통제력을 확보하는 것이 아니다. 내게 주어진 권력을 하나님이 맡기신 것으로 여기고 그분의 통제를 인정하며 내게 주어진 재능을 그분의 목적을 위해 활용하는 것이다. 또한 어떤 힘을 가지고 있든 그 힘은 내가 원하는 방식대로 독자적으로 사용할 수 있는 것이 아님을 기꺼이 인정하는 것이 성공이다. 인간에게 주어진 권력은 모두 위탁된 것이다. 하나님은 그 권력을 허락하시고, 말씀이 분명하게 가르치고 있는 가치관에 따라서 그 힘을 사용하기를 원하신다.

5. 하나님은 지혜가 뛰어나고 사랑이 많으시기 때문에 다른 책임들을 무시한 채 한 가지 책임에만 몰두하라고 요구하지 않으신다. 하나님을 경외하는 마음은 잘못된 선택으로 인한 결과에 대해 하나님께 책임을 떠넘기지 않도록 가르친다. 일과 가정생활과 신앙생활에서 균형

을 유지하기 힘든 것은 하나님이 내게 무리한 소명을 요구하셨기 때문이 아니라 내가 일을 통해 얻을 수 없는 것을 그것에서 찾으려고 애쓰기 때문이다. 그런 경우가 생기면 삶의 다른 영역들에 소홀해질 수밖에 없다. 일을 너무 많이, 너무 오래 할 수밖에 없기 때문이다.

6. 하나님은 우리에게 필요한 모든 것을 자기 안에서 발견할 수 있다는 것을 알고 안심하도록 은혜를 베푸신다. 하나님을 경외하는 마음은 나의 직장생활이 근심걱정이 아닌 안식을 가져다줄 수 있다는 것을 일깨워준다. 하나님을 경외할 때 우리의 직장생활은 "나는 반드시 저것을 가져야 해"가 아니라 "내게 주어진 이 놀라운 것들을 좀 봐"라는 생각을 표현하는 수단이 된다. 다시 말해 근심스런 마음으로 필요를 채우기 위해 일하는 것이 아니라 감사하며 하나님을 예배하는 태도로 일에 임할 수 있다. 우리가 일하는 이유는 하나님이 노동의 소명을 주셨기 때문이다. 그 소명을 이행하는 동안 모든 필요를 채워주겠다고 언약하시고 그 약속을 충실히 지키시는 하나님 안에서 우리는 안식을 누릴 수 있다.

일중독에 빠진 경우가 많다. 이것이 우선순위의 문제가 아닌 경외심의 문제라는 점을 기억하라. 다행히 우리는 이 싸움을 혼자 감당하지 않는다. 이 싸움을 의식하지 못할 때조차 하나님은 우리를 위해 계속 싸우신다. 그만큼 그분의 은혜는 놀랍기 그지없다.

맺음말

이 세상의 그 어떤 경험도 만족시킬 수 없는 갈망이 내 안에서 발견된다면,
그 이유를 밝혀줄 가장 가능성 있는 설명은
내가 또 다른 세상을 위해 지음 받았다는 것이다.
_C. S. 루이스 [12]

모든 인간의 마음속에는 그러한 갈망이 깊이 숨어 있다. 그 갈망이 우리 영혼 안을 맴돌면서 충족되기를 기다리고 있다. 모든 사람이 그 갈망을 추구하지만, 이 세상에서는 결코 충족될 수 없다. 이 갈망을 다루는 방식에 따라 저마다 인생 경로가 달라진다. 사람은 누구나 안식의 장소, 즉 궁극적인 만족을 얻을 수 있는 곳을 발견해야만 비로소 인생의 여정이 끝나고, 싸움이 중단되며, 항상 원했지만 온전히 얻지 못한 안식을 누릴 수 있다.

그때가 되면 모든 것이 이해되고 온전히 만족되어 다시는 공허함을 느끼지 않을 것이다. 때때로 우리가 갈망했거나 갈망하고 있었다는 것조차 알지 못하던 것을 경험할 것이며, 아침 안개처럼 사라지는 물리적, 감정적, 관계적, 상황적 행복과 같은 일시적 행복이 아닌 진정한 행복을 누릴 것이다. 그때가 되면 우리가 전에 알았던 그 어떤 것과도 다

른, 영혼이 매우 기뻐하는 만족, 곧 마음을 깊이 만족시키는 행복을 맛볼 것이다.

더 이상 "이랬다면 어땠을까?"라거나 "그것만 있었더라면"과 같은 헛된 생각에 시달리지 않을 것이다. 다른 사람이 가진 것을 탐하거나 우리가 놓친 것을 후회하지 않을 것이고, 더 이상 물리적인 양식으로 영적 굶주림을 채우려 들지 않을 것이며, 우리의 갈망을 부채질하고 고통을 일으키는 것들로 내면의 불안을 달래려고 애쓰지 않을 것이다. 그때가 되면 우리는 전에 알지 못하던 것을 알고 그 지식을 영원히 찬미할 것이다.

이 책을 마무리하는 지금, 특별히 생각나는 것이 있다. 한 가지 문제를 분명하게 설명하지 못한 탓에 이 책이 미완으로 끝나게 되었다는 점이다. 이 문제를 빠뜨린 것은 매우 중요하고도 명백한 실수가 아닐 수 없다. **바로 경외심이 "갈망"이라는 점이다.** 언뜻 그다지 놀라운 말처럼 들리지 않겠지만, 사실은 그렇지 않다. 인간이 온갖 불만을 끊임없이 느끼는 이유는 하나님이 우리에게 주신 "경외심을 인식하는 능력" 때문이다. 우리의 마음은 "이미"와 "아직", 곧 "우리가 회심한 순간"부터 "영원한 세상이 오기 전"까지 점점 큰 만족을 누릴지 몰라도 궁극적인 안식에는 이를 수 없다. 싸움은 계속되고, 우리는 더 많은 것을 갈망한다.

경외심이 갈망이라면 그 갈망 안에는 궁극적인 종착지를 염원하는 바람이 숨어 있다. 경외심이 궁극적인 종착지를 요구한다면 이 세상에서 경외심을 느끼는 순간들은 단지 앞으로 경험하게 될, 말로 다할 수 없는 경외심을 위한 준비 과정일 뿐이다. 영원을 말하지 않고 경외심에 관한 책을 쓸 수는 없다. 우리가 현세에서 일시적으로 경험하는 불만족스러운 경외심을 통해 고뇌를 느낀다는 사실만큼 하늘나라의 존재를 현실적으로 입증하는 증거는 어디에서도 찾기 어려울 것이다. 우리가 알든 모르든 모든 인간의 경외심, 곧 만족과 놀라움과 감동을 갈망하는 욕구는 하나님을 직접 대면하고 싶은 인간의 보편적인 욕구를 드러낸다. 피조세계의 놀라운 것들은 모두 그것들을 창조하고 유지하는 놀라우신 하나님을 가리킨다. **내 갈망이 온전히 만족되는 궁극적인 종착지는 다름 아닌 그분의 임재다.** 하나님은 경외심을 불러일으켜 또 다른 세상을 갈망하게 하기 위해 이 세상을 설계하셨다. 그 세상이 이르면 하나님의 경이로운 영광을 가리키는 피조물의 손가락은 더 이상 필요하지 않을 것이다. 그 영광을 직접 보고 그 빛과 온기 안에 영원히 거하게 될 것이기 때문이다. 우리는 마침내 하나님의 임재 안에 거할 것이고, 마음을 만족시키는 경외심을 한껏 느끼며 다시는 갈망하지 않을 것이다.

우리가 하나님 안에서 누리게 될 기쁨이 얼마나 크고 깊을지는 전혀 상상할 수조차 없다. 우리가 누리게 될 온전한 만족을 옳게 표현할 수 있는 말을 찾기도 어렵다. 우리 마음은 늘 추구해 온 것을 얻게 될 것이고, 우리는 그것을 영원히 누리게 될 것이다.

그렇다. 경외심을 인식하는 능력은 또 다른 세상에 대한 갈망이다. 그것은 타락한 세상이 절대로 줄 수 없는 것에 대한 염원이다. 경외심을 인식하는 능력은 우리 마음속에서 날마다 다른 온갖 영광들이 외치는 유혹의 목소리를 거부하고 오로지 하나님의 영광에 휩싸이기를 갈망한다. 경외심에 대한 갈망은 하나님이 자기 피로 값 주고 사신 자녀들 모두에게 허락하시는 하나님 나라에 대한 갈망이다.

경외심은 우리의 욕구가 온전히 채워지는 곳을 향한 갈망이다. 예수님은 이미 대가를 지불하시고 우리를 위해 그곳을 예비하셨다. 그런 영광이 있는 곳으로 초대받는 것보다 더 큰 은혜는 없다. 우리의 변덕스런 마음이 용서받고, 마침내 영원히 만족을 누리는 것보다 더 큰 긍휼은 없다. 아멘.

[17]성령과 신부가 말씀하시기를 오라 하시는도다 듣는 자도 오라 할 것이요 목마른 자도 올 것이요 또 원하는 자는 값없이 생명수를 받으라 하시더라 …… [20]이것들을 증언하신 이가 이르시되 내가 진실로 속히 오리라 하시거늘 아멘 주 예수여 오시옵소서(계 22:17, 20).

주

1장
1. Keith and Kristyn Getty, "Don't Let Me Lose My Wonder," on *In Christ Alone*, Getty Music, Koch Records, 2007, compact disc.

3장
2. Albert Einstein et al., *Living Philosophies*(New Yorks: Simon and Schuster, 1931), 6.

4장
3. G. K. Chesterton, *Tremendous Trifles*(New York: Dodd, Mead and Company, 1910), 7.

5장
4. John Calvin, Sermon No. 10 on 1 Corinthians. 다음 자료에서 인용했다. William J. Bouwsma, *John Calvin: A Sixteenth-Century Portrait*(New York: Oxford University Press, 1988), 134-35.

6장
5. Bernice Johnson Reagon, "The Songs Are Free," interview by Bill Moyers, PBS, 1991, transcript excerpt published online November 23, 2007, http://www.pbs.org/moyers/journal/11232007/transcript2.html.

7장
6. G. K. Chesterton, *A Short History of England*(New York: John Lane Company, 1917), 72.

8장
7. Jonathan Swift, "Thoughts on Various Subjects," in *The Works of Dr. Jonathan Swift*(Edinburgh: A Donaldson, 1761), 8:301.

9장
8. Oswald Chambers, *My Utmost for His Highest*, Deluxe Christian Classics (Uhrichsville, OH: Barbour, 2000), 59.『주님은 나의 최고봉』, 토기장이.

11장
9. John Piper, *A Hunger for God: Desiring God through Fasting and Prayer* (Wheaton, IL: Crossway, 2013), 25-26.『하나님께 굶주린 삶』, 복있는사람.
10. Paul David Tripp, *New Morning Mercies: A Daily Gospel Devotional* (Wheaton, IL: Crossway, 2014), Nov. 10 entry.

12장
11. C. S. Lewis, *The Problem of Pain* (New York: Simon and Schuster, 1996), 47.『고통의 문제』, 홍성사.

맺음말
12. C. S. Lewis, *Mere Christianity*(New York: Simon and Schuster, 1996), 121.『순전한 기독교』, 홍성사.

사명선언문

너희가 흠이 없고 순전하여……세상에서 그들 가운데 빛들로
나타내며 생명의 말씀을 밝혀 _ 빌 2:15-16

1. 생명을 담겠습니다
만드는 책에 주님 주신 생명을 담겠습니다.
그 책으로 복음을 선포하겠습니다.

2. 말씀을 밝히겠습니다
생명의 근본은 말씀입니다.
말씀을 밝혀 성도와 교회의 성장을 돕겠습니다.

3. 빛이 되겠습니다
시대와 영혼의 어두움을 밝혀 주님 앞으로 이끄는
빛이 되는 책을 만들겠습니다.

4. 순전히 행하겠습니다
책을 만들고 전하는 일과 경영하는 일에 부끄러움이 없는
정직함으로 행하겠습니다.

5. 끝까지 전파하겠습니다
모든 사람에게, 땅 끝까지, 주님 오시는 그날까지
복음을 전하는 사명을 다하겠습니다.

서점 안내

광화문점 서울시 종로구 새문안로 69 구세군회관 1층
02)737-2288 / 02)737-4623(F)

강남점 서울시 서초구 신반포로 177 반포쇼핑타운 3동 2층
02)595-1211 / 02)595-3549(F)

구로점 서울시 동작구 시흥대로 602, 3층 302호
02)858-8744 / 02)838-0653(F)

노원점 서울시 노원구 동일로 1366 삼봉빌딩 지하 1층
02)938-7979 / 02)3391-6169(F)

일산점 경기도 고양시 일산서구 중앙로 1391 레이크타운 지하 1층
031)916-8787 / 031)916-8788(F)

의정부점 경기도 의정부시 청사로47번길 12 성산타워 3층
031)845-0600 / 031)852-6930(F)

인터넷서점 www.lifebook.co.kr